湖北省青年教师教学竞赛优秀案例集

基教版

周东明 / 主编

華中師範大學出版社

新出图证（鄂）字 10 号
图书在版编目（CIP）数据
湖北省青年教师教学竞赛优秀案例集. 基教版 / 周东明主编. -- 武汉 : 华中师范大学出版社，2024. 8.（2024. 8 重印）
ISBN 978-7-5769-0667-7
Ⅰ. G424. 21
中国国家版本馆 CIP 数据核字第 2024XT9151

湖北省青年教师教学竞赛优秀案例集（基教版）

周东明　主编

编 辑 室： 第一分社　　**电话：** 027-67867317
责任编辑： 巴　铭　罗　艺　　**责任校对：** 肖绪旭　　**封面设计：** 胡　灿
出版发行： 华中师范大学出版社有限责任公司
社　　址： 湖北省武汉市珞喻路 152 号　　**邮　　编：** 430079
销售电话： 027-67861549（发行部）
网　　址： https://press.ccnu.edu.cn　　**电子信箱：** press@mail.ccnu.edu.cn
印　　刷： 武汉兴和彩色印务有限公司　　**督　　印：** 刘　敏
开　　本： 787 mm×1092 mm　1/16　　**印　　张：** 14.5　　**字　　数：** 189 千字
版　　次： 2024 年 8 月第 1 版　　**印　　次：** 2024 年 8 月第 2 次印刷
定　　价： 88.00

目录

MuLu

从无意猜想到有意预测

——《总也倒不了的老屋》第一课时教学设计

华中师范大学附属小学　彭　静

前言

阅读策略的习得是“授之以鱼”还是“授之以渔”？答案显然是后者。统编版小学语文教科书从三年级开始，陆续安排了“预测”“提问”“提高阅读速度”“有目的的阅读”四个阅读策略的学习内容，形成阅读策略习得的螺旋式上升编排体系。“预测”是一种较常用的阅读策略，对于学生阅读有着极其重要的作用，因此，三年级上册第四单元安排了预测策略的学习内容。语文要素是“一边读一边预测，顺着故事情节去猜想，学习预测的一些基本方法”，意在培养学生边阅读边预测的习惯。学生在掌握了一些基本的线索之后，“预测”阅读策略能够让学生实现自主地、自上而下地通篇阅读。在阅读中，学生利用已有的知识经验对阅读内容进行猜测和验证，趣味十足地一步步推进阅读的进程，体验故事中的情节，倡导个性化的理解，读出不同的感受来。

教材围绕“预测”这一阅读策略，编排了一篇精读课文《总也倒不了的老屋》，两篇略读课文《胡萝卜先生的长胡子》《小狗学叫》，对预测学习进行了有层次、有梯度的安排。精读课文《总也倒不了的老屋》意在培养学生边读边预测的意识，教给学生“预测”的一些基本方法。《总也倒不了的老屋》第一次以旁批提示的形式出现在教材中，指导学生理解多种预测方法，在阅读过程中可以先根据题目预测，了解文章的题眼，观察文中的插图进行预测，图文并茂给人以想象的空间，根据文章内容里的一些线索进行预测，破解文本的密码，联系生活经验进行预测，与生活实际相互勾连相互映照。课后习题提示了可以预测的角度和相关依据，可以通过主题探究式、比较思辨式等形式展开学习，以学习伙伴讨论的形式呈现，生动形象。

在单元整体教学的前提下，本课创设了三个进阶性的学习活动，意在激发学生的好奇心、想象力、探索发现和创编故事的兴趣，引导学生产生阅读需要，明确阅读目的，习得预测方法，并在阅读和写作实践活动中，自觉运用预测策略，感受预测的好处和乐趣，突出语文课程的综合性和实践性。课程使学生在学习过程中体验到自主读书、探究发现、合作交流、思辨质疑、自由创作的乐趣，实现语文学科核心素养培育的目标。

一、教材分析

本文是一篇童话故事，“好了，我到了倒下的时候了”在文本中一共出现三次，但老屋始终没有倒下，这就是慈琪写作的《总也倒不了的老屋》。

这篇课文讲述了老屋与小猫、老母鸡、小蜘蛛之间的故事，赞美了老屋善良、乐于助人的美好品质。老屋总在每次想要倒下的时候，总会遇到寻求帮助的小动物，“再站一个晚上”“再站二十一天”“再站一会儿”“还站在那儿”，老屋始终没有倒下，它的善良支持它一次次坚持。细读这篇童话文本，会发现其文字中更有趣的一面，“老花的眼睛”“墙壁吱吱呀呀地响”……都在呼应着老屋已经很老了，但依然不愿意拒绝“小小的声音”的祈求。在学习中抓住这些关键字眼，可以感受老屋善良、乐于助人的珍贵品质，可以体会到被需要是一件多么幸运的事情。

文本利用反复手法推进故事发展的情节特点，使得“预测”这一阅读策略能够在本课中落实，这也是在本文学习时的重点。“猜一猜”的方法学生们并不陌生，在先前的语文学习中经常使用，所以“预测”是自然存在的阅读心理。通过本课的学习，旨在将这种无意识的阅读方法转变为有意识、有根据的“预测”。

结合文本的特点，本文中的“预测点”其实很多，但不能眉毛胡子一把抓，到哪里都进行预测，容易让学生产生疲惫感。因此，在教学时，教师有的放矢地进行设计，小猫、老母鸡的情节内容设计为学习预测方法，到小蜘蛛的情节就练习使用预测方法，在学习过程中教—扶—放，有梯度地展开学习。

同时结合本文的另一突出特点——文本一侧的旁批，教师通过引导学生关注旁批，在一边阅读的过程中一边预测、一边分享，学习预测的基本方法：从题目线索、看图感受、联系内容、生活经验、情节特点等找依据来进行预测。还要在学习中明白，预测内容与故事实际不一致也没关系，重在敢于预测、乐于预测。结合本单元课文编排特点，本文是本单元唯一的精读课文，预测方法的学习为略读课文《胡萝卜先生的长胡子》《小狗学叫》中预测故事的情节发展和预测结局打开思路，所以本文对“预测”这一阅读策略的学习显得尤为重要。

二、学情分析

三年级上册第四单元是统编版教材中第一个阅读策略单元，主题是预测。它与四年级上册中的提问，五年级上册中的提高阅读速度，六年级上册中的有目的的阅读，构成了小学阶段阅读策略学习系统。旨在引导学生学习并掌握基本的阅读策略，形成运用阅读策略的意识，让学生慢慢成为积极的阅读者。

其实，预测是一种自然存在的阅读心理。儿童在阅读的时候，可能会无意识地运用这个策略。二年级下册第十课《沙滩上的童话》的课后习题中要求学生根据开头编写故事，也在引导学生尝试运用预测的策略。

所以，学生虽然是第一次学习“预测”这个明确的阅读方法，但在平时的阅读经验中，已经无意识地运用过“预测”的方法对故事情节的发展进行猜想和想象。而这一单元存在的目的就是引导学生将这种无意识的阅读心理转变成一种有意识的阅读策略，并在阅读过程中不断主动地进行预测，积极思考，最后验证预测。学生在学习并掌握基本的阅读策略的同时，形成运用阅读策略的意识，成为积极的阅读者。

三、学习目标

1. 学习课文第 1—10 自然段，能试着一边读一边预测，知道可以根据题目、插图、生活经验和故事内容里的一些线索进行预测，初步感受预测的好处和乐趣。

2. 懂得预测的内容跟故事的实际内容可能一样，也可能不一样。

3. 能运用预测方法进行预测并续编故事。

四、学习重点

1. 能试着一边读一边预测，学习预测的基本方法，初步感受预测的好处和乐趣。

2. 能运用预测方法对故事情节进行合理预测。

五、学习难点

学会根据题目、插图和故事内容里的一些线索进行预测的基本方法，边读边预测，初步感受预测的好处和乐趣。

六、教学准备

PPT 课件。

七、教学过程

（一）课堂实录

1. 谈话导入，开启预测

（1）谈话导入，激发学习兴趣。

同学们，课前我们猜字谜、猜古诗，有趣吗？猜测与推想，让我们感受到快乐。今天，我们来学习一边阅读一边预测，顺着故事的情节去猜想，猜猜故事里究竟会发生什么呢？

（2）导读引领，明确学习任务。

（出示单元页）猜测与推想，使我们的阅读之旅充满了乐趣。猜测与推想接下来会发生什么，这就是预测。（板书：预测）

这个单元，就让我们：（出示，生读）

◎一边阅读一边预测，顺着故事的情节去猜想。

◎学习预测的一些基本方法。

◎尝试续编故事。

（3）课题质疑，开启阅读预测。

这节课，我们先来学习第一个故事，它的名字叫——《总也倒不了的老屋》。（板书课题，生齐读）看到题目，你想知道什么？（我想知道老屋为什么不会倒。）谁来猜一猜，为什么老屋不会倒呢？我们的学习伙伴，读了课文题目之后也进行了预测。（出示批注，生读）

师小结：虽然你们预测的内容不同，但大家的预测都是从故事题目开始的。接下来让我们走进故事，一边读一边预测，顺着情节去猜想。

2. **边读边猜，学习预测**

(1) 引读第1自然段，感受老屋的年迈。

师：就在老屋快要倒下的时候，发生了一件意想不到的事。谁来读读第3自然段？

师：一个小小的声音在它门前响起。

生：(读)“等等，老屋!”

师：小猫在请求老屋不要倒下。

生：(读)“再过一个晚上，行吗？今天晚上有暴风雨，我找不到一个安心睡觉的地方。”

(2) 预测老屋的“行为”，提炼预测方法。

暴风雨就要来了，听完小猫的诉求后，你认为老屋会答应小猫的请求吗？说说原因。(出示课文插图)引导学生进行预测，相机提炼预测方法。

师：你觉得老屋会答应吗？

生1：我觉得会，因为图片上老屋笑眯眯地，看起来很慈祥。

师：你是根据插图进行预测。(板书：插图)

生2：我觉得会答应，因为老屋是老人，小猫很小很可爱，老人一般都会关心小朋友。

师：你是根据生活经验进行预测。(板书：生活经验)

生3：我觉得不会，因为第1自然段说了，老屋已经很老了，马上就要倒了。

【设计意图】

通过“老屋会不会答应小猫?”“老屋会不会倒?”这两个问题，引导学生进行合理预测，相机提炼预测方法，引导学生将之前无意识的阅读心理转变成有意识、有方法的阅读策略。

师：你是联系上文进行预测。（**板书：联系上文**）

(3) 自读课文内容，揭示预测结果。

师：那老屋究竟是怎么做的呢？请你们从课文第4—6自然段中找答案，看看自己预测得对不对。

老屋答应了吗？请你读读老屋说的话。（**指名读**）

师小结：我们预测的内容可能跟故事的内容一样，也可能不一样，都没关系。因为我们都从预测中获得了乐趣。

师：小猫走后，老屋又开始自言自语了。

生：（读）老屋说："再见！好了，我到了倒下的时候了！"

师：读到这里，预测一下，这一次老屋会不会倒呢？

生1：不会倒，因为题目说了，这是"总也倒不了的老屋"。

师：你是根据题目进行预测。（**板书：总也倒不了的老屋**）

生2：不会倒，因为刚刚老屋帮助了小猫，我觉得可能还有其他小动物也需要它的帮助。

师：你是根据阅读经验进行预测。（**板书：阅读经验**）

3. **有理有据，练习预测**

(1) 边读边猜，运用方法进行预测。

接下来的故事是怎样的？请大家默读课文第

【设计意图】

在上一环节提炼了一定的预测方法的基础

7—10自然段，一边读，一边运用学到的方法进行预测，完成学习单上的第一个学习活动。

（出示）

当我读到________时，我猜老屋________
________________________________。

因为____________________________。

（生小组内交流学习）

（2）全班分享交流预测内容及理由，感受老屋乐于助人的形象。

师小结：同学们，你们真会学习！把刚才学到的预测方法都用上了。是的，不同的依据，就会有不同的预测结果。正是预测的不同，才让我们保持好奇心继续往下读，也会促使我们阅读得更细心。

上，通过自读和小组合作学习，引导学生在阅读过程中不断主动地运用方法进行预测，积极思考，最后验证预测。让学生学习并掌握基本的阅读策略的同时，形成运用阅读策略的意识，成为积极的阅读者。

4. **根据已知，预测后续**

（1）小组合作，预测故事后续发展。

母鸡走之后，还会有哪些小动物来向老屋求助呢？请你大胆预测故事会怎样发展，小组合作说一说。

①还会有哪些小动物来向老屋求助？

②它们会怎么说，老屋又会怎么回答呢？

老屋说：“再见！好了，我到了倒下的时候了！”

“等等，老屋！”一个小小的声音在它门前响起，“再过____天，行吗？________。”

老屋低头看看，________：“____________。”

【设计意图】

在学习预测方法、运用预测方法预测课文情节的基础上，引导学生对后面未知的情节进行大胆、有依据的预测，感受预测的好处和乐趣，突出语文课程的综合性和实践性。使学生在学习过程中体验到自主读书、探究发现、合作交流、思辨质疑、自由创作的乐趣，实现语文学

____天后，____从____出来：“____________。”　　科核心素养培育的目标。

(2) 全班交流，同学互评。

“预测大挑战”评价表	
大胆预测	★★★
预测有依据	★★★

5. **总结拓展，课后实践**

总结本课学习内容，并提示下节课的学习内容。

（二）板书设计

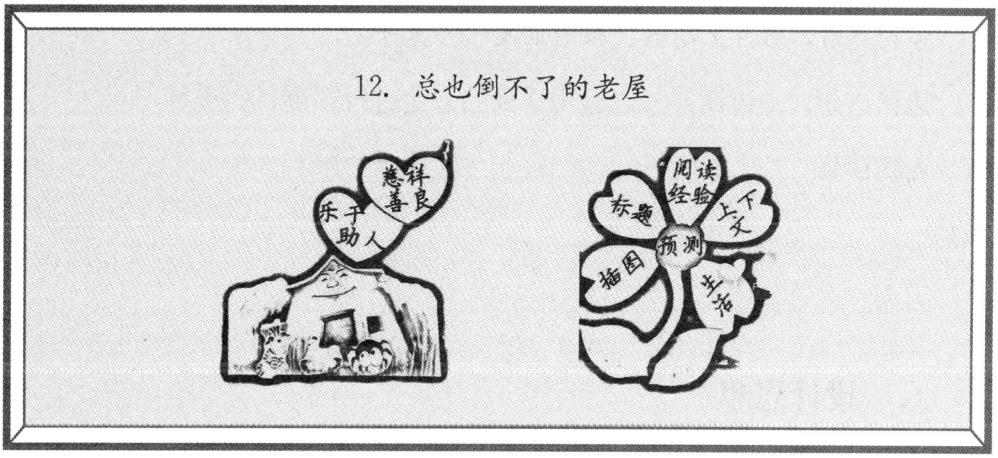

（三）学习评价

“预测大挑战”评价表	
大胆预测	★★★
预测有依据	★★★

（四）作业设计

默读《兔子的名片》片段，边读边预测。

兔子的名片（节选）

现在大家都时兴用名片了，兔子也有了名片。

在口袋里装着名片，兔子心里想：“这下再不怕那些欺负人的家伙了。”

正想着，迎面遇见了狐狸。

狐狸拦住兔子，说：“想过去吗？得对我笑三笑，要笑得讨我喜欢，明白吗?”

兔子不慌也不忙，“刷”地从口袋里掏出一张名片递过去：“狐狸先生，请多关照吧。”

狐狸一看，名片上印着：狼的朋友——兔子。

边读边想，一边读，一边运用学到的方法进行预测，完成练习。

当我读到____________________________________时，我猜____________________。

因为____________________________。

八、设计思想

在统编版小学语文教材中，每个单元的学习内容都是一个有机整体，是编者基于相同的人文主题和共同的语文要素进行编排的一组课文。因为，将单篇课文教学放在单元整体教学的前提下，从目标、内容、任务、方法、评价在内进行整体教学设计，能更好地落实培养学生语文核心素养的目标。

三年级上册第四单元围绕“预测”这一阅读策略编排了三篇文章，第一篇是有着“预测”提醒的旁批的精读课文，后两篇为略读课文。单元学习的重要任务和乐趣在于在未知的预测中体验阅读的乐趣，同时唤醒学生边阅读边预测的意识，逐步培养学生边认真阅读边动脑预测的读书习惯，让学生体会到故事猜想之趣。因此，本单元引导学生阅读浅近有趣的童话故事，分为趣味“预测”初感知、趣味“预测”能力进阶、“预测”创作交流会、“预测”经典童话四个部分，在进行本单元整体活动设计时，将看似无关的单元内容进行整合，把阅读、口语交际和习作结合起来，整体上把握“预测”策略的理解和运用。

基于以上的认识，基于语文学习任务群的思想，将本单元定位为发展型学习任务群中的“思辨性阅读与表达”，紧扣“思辨性”特点，单元整体设计立足课堂，链接生活，设计结构化的、完整的学习活动，创设能够引导学生深度参与的语用情境，帮助学生有效投入到言语实践活动中。

创设真实情境进行教学，强调教学的全局性、系统性、有序性，通过凝练单元主题，我设置了基于生活实践的学习情境，以“童话故事接龙赛”为统领全单元的学习任务，将“预测闯关”“故事接龙”与课文关联起来，设计结构化的任务，创设进阶性的活动。作为本单元唯一一篇精读课文，《总也倒不了的老屋》的学习目标就是激发学生预测兴趣，教给学生预测方法，其重要性不言而喻。

在具体的教学中，我通过“①根据课题和插图猜故事。②情境中猜读故事，指导预测的技巧：根据题目、插图、内容线索等方式进行推测。③了解课文中使用旁批帮助预测的方法。④体会预测的快乐，对比预测部分和实际故事内容，感受相同与不同的乐趣。⑤大胆预测，根据行文规律预测故事后面的情节”等五个层层递进的环节，帮助学生提炼方法，运用方法，感受预测的乐趣，并为本单元后面内容的学习奠定坚实的基础。

《总也倒不了的老屋》学习单

亲爱的同学们，有人说阅读就是一场未知的探险之旅，在阅读的过程中我们常常充满好奇与期待。猜测和推想便是阅读带给我们的无穷魅力。现在，就让我们一起开启有趣的阅读预测闯关赛吧！

预测第一关：收集预测法宝

预测第二关：我会边读边预测

读课文第 7—10 自然段，运用学到的预测方法，边读边预测。借助下面的句式，说一说你预测的理由。

当我读到________________________________的时候，我预测老屋____，因为____。

预测第三关：故事发展我预测

母鸡走之后，还会有哪些小动物来向老屋求助呢？请你大胆预测故事会怎样发展，小组合作说一说。

1. 会有哪些小动物来向老屋求助？

2. 它们会怎么说，老屋又会怎么回答呢？

彭静，中学高级教师，全国首届中小学青教赛一等奖获得者，华中师范大学“五一劳动奖章”获得者工作室主持人，湖北省小学语文专业委员会学术委员会秘书长，湖北省教育厅“学科星火行动”导师，武汉市语文学科带头人，洪山区语文名师工作室主持人。曾获“湖北五一劳动奖章”“湖北青年教学能手”“十二五湖北健康课题先进个人”“武汉优秀青年教师”“武汉优秀女职工工作者”“洪山区语文学科带头人”“洪山区四有好老师”等荣誉称号。国务院侨务办公室华文培训教师，华中师范大学华大教育集团督学教师。所执教的优质课多次获得全国和省市一等奖，参与湖北省“美育”和“劳动与技术”教材的编写，多次主持和参与国家、省市级课题研究，公开发表多篇论文，多次担任“国培计划”项目主讲教师。所带班级曾获武汉市先进班集体，指导青年教师、学生参加各级各类比赛，多人获得全国和省市一等奖。

习读书之法　悟读书之道

——《古人谈读书》教学设计

武汉市武汉小学　邹　郢

一、教材分析

《古人谈读书》是五年级上第八单元中的一篇课文。本单元以“读书”为主题安排了三篇课文，分别是《古人谈读书》《忆读书》和《我的“长生果”》。

《古人谈读书》摘录了古人关于读书的经典名句，不仅介绍了读书方法，还教育我们要树立正确的治学态度。《忆读书》中，冰心奶奶回忆了自己读书的经历和体会，告诉我们“读书好、多读书、读好书”的道理。《我的“长生果”》表达了作者对书的深厚情感和对阅读的热爱。

本单元教学，要注重引导学生梳理关键信息，把握内容要点，能结合生活实际体会文中介绍的一些读书方法。更重要的是，让学生明白阅读的重要意义，激发他们对阅读的兴趣，逐步养成阅读的习惯，从而受益终身。

《古人谈读书》由三篇文言文构成。第一篇是孔子在《论语》中对学习方法与学习态度的有关论述，给人以警醒；第二篇是朱熹论说的“读书有三到”，重在强调心到，给人以启迪；第三篇是曾国藩对读书的论述，强调读书要有“三有”——有志、有识、有恒，给人以训诫。

二、学情分析

五年级的学生已经学过一些小古文，对文言文并不陌生。但由于文言文使用的年代较为久远，再加之具有抽象性、概括性、多面性等特点，学生往往读起来拗口，学起来有畏难情绪。这一课属于说理性文言文，内容相对枯燥，需要巧妙创设情境，激发学生的学习积极性。

三、教学目标

1. 学习本课生字新词。

2. 正确、流利地朗读文言文，背诵积累。

3. 借助注释理解文中重点词句的意思，感受古今词语意义和表达方式的不同。

4. 结合自己的生活经验，体会古人读书治学的道理，获得启迪。

四、教学重点

1. 正确、流利、有感情地朗读文言文，背诵积累。

2. 借助注释理解文中重点词句的意思，感受古今词语异义和表达方式的不同。

五、教学难点

结合自己的生活经验，体会古人读书治学的道理，获得启迪。

六、课时安排

2 课时。

七、教学准备

PPT 课件。

八、教学过程

第一课时

【课时目标】

1. 正确、流利地朗读第一则名言并背诵积累。

2. 能借助注释，理解第一则名言的意思，提炼信息。

3. 结合生活经验、背景资料体会孔子的读书治学之道，获得启示。

【教学过程】

一、激趣导入，质疑问难

1. 课件出示关于读书的名言，进行问答游戏。

师：同学们，今天这节语文课，我们先来玩一个名言对对碰的游戏，我说上句，你们接下句。敢来挑战吗？试试吧！

课件出示：

三更灯火五更鸡，正是男儿读书时。——颜真卿《劝学诗》

读书破万卷，下笔如有神。——杜甫《奉赠韦左丞丈二十二韵》

读书百遍，其义自见。——《三国志》

纸上得来终觉浅，绝知此事要躬行。——陆游《冬夜读书示子聿》

2. 揭示课题，质疑问难。

师：你们真是一群爱读书、爱积累的孩子，

【设计意图】

通过游戏激发学生的学习兴趣，围绕课题质疑，启发学生思考。

顺利完成了挑战。谁发现了，这些名言都和什么有关？对，读书！古人不仅勤学苦读，还将这些读书的态度和方法记录下来，传给后人。今天，让我们一起，穿越时空，走进三则古文，去汲取古人读书的智慧吧！——揭示课题，板书、齐读。

（板书：25　古人谈读书）

师：围绕课题，你们有什么想知道的？

师评价：学贵有疑，让我们带着问题走进课文。

二、初读第一则，正确朗读

1. 师过渡：瞧，这里选择了三则文言。我们先来学习第一则。

2. 自由读文言，借助注释，读准字音。

3. 教师查读正音。

(1) 敏而好学……

好，第四声，据意定音。

(2) 知之为知之，不知为不知，是知也。

最后一个“知”同“智”，“智慧”的意思，读第四声。

现行教材中经常出现“同××”“通××”的注释，我们统称为“同义字”。通假字、古今字、异体字本就不同，考虑到中小学语文教学的实际情况，教材不作区分，用“同”表示某字与某字表意一致。“通”就是“通用、借代”的意思，即用读音相同或者相近的字代替本字。在这里就是

【设计意图】

通过借助注释、教师点拨、出示停顿符号的方式，让学生在反复练习中读正确、读通顺，感受文言韵味。为进一步理解文言文打下基础。

用“知”代替“智”字。

(3) 默而识之

识，读 zhì。

4. CAI（计算机辅助教学）出示停顿符号，学生自由练读，读通读顺，读出文言的节奏。

5. 多种形式朗读。展示读、教师范读、学生齐读。

三、合作学习，疏通文意

1. 课件出示小组合作学习任务单。

> 第一步：请同学们对照注释说一说每句话的意思。如遇到注释中没有给出解释的，试着联系上下文解释。
>
> 第二步：小组交流，派选代表全班交流。

【设计意图】

合作学习，自主探究，借助注释、联系上下文理解文言文意思，充分调动了学生自主学习的积极性。

2. 全班交流，教师相机点拨。

(1) 敏而好学，不耻下问。

句意：勤勉而又好学的人，不以向地位比自己低、学识比自己差的人请教为耻。

方法：结合注释 1—4 能够理解。

(2) 知之为知之，不知为不知，是知也。

句意：知道就是知道，不知道就是不知道，这样才是真正的智慧。

方法：这句话里有五个“知”字，结合注释，联系上下文发现，前四个都是“知道”的意思，最后一个是智慧的意思。

(3) 默而识之，学而不厌，诲人不倦。

句意：把所学的知识默默地记在心中，勤奋学习而不满足，教导人而不倦怠。

方法：根据“学而不厌”，推断“默而识之”的“之”指的就是学习知识。“默”可以组词默默地，做学问正是需要这样静心思考。所以我把它解释为把所学的知识默默地记在心中。

3. 教师小结、过渡。

同学们刚才的合作学习很高效，能够结合注释，联系上下文来理解文言的意思，非常不错。课前，同学们提出过疑问——古人是怎样读书的？他们有些什么心得传授给我们？你们能否从《论语》的这三句话中提炼信息，说说看孔子为我们揭示的道理。

四、深入探究，获得启示

1. 学生默读思考：三句话分别写了哪方面的内容，尝试用几个词语概括。

（第一句话讲学习态度；第二句话讲对待知识的态度；第三句话既讲了学习态度，也讲了学习方法。　谦虚、求实、勤奋）

【设计意图】

紧扣本单元语文素养训练点，提炼文言要点。联系生活迁移运用。联系原文和背景引导学生深入思考理解。

2. 联系生活实际，说说给你带来的启示。

(1) 这句话告诉我们做学问要勤问，虚心去向身边人请教。也许你觉得不如你的同学，他恰好在你的知识薄弱处是专家呢！

(2) 孔老夫子告诉我们做人要诚实，要实事求是。遇到不懂的问题，一定不能不懂装懂，这样才能促使我们学到更多的知识。有一次美术课上要画鸟，由于我平日里疏于观察，难以动笔。我向美术老师承认了自己的不足，经过老师的帮助和多次细致地观察，最终画出了栩栩如生的小鸟。

（3）这句话告诉我们学习是无止境的，传授知识不知疲倦，不断坚持才有成就。我觉得这就是孔子一生的真实写照。

3. 联系背景资料深入探究。

（1）教师出示《论语》简介。

师：刚才同学们联系生活谈启示，说得特别好。相信你们会把这些经验迁移运用到生活中，不断进步。这就叫“我学古人，实获我心”。

师：《论语》是孔子弟子及再传弟子记录孔子及其弟子言行而编成的语录集。它是我国古代伟大的文化巨著，对于我们中国人来说，在一定程度上它是我们文化的根、思想的源、文明的果。要想深入理解，我们还需要还原古文的情境，去想象揣摩。

（2）以第三句话为切入口，这句话出自《述而》：“默而识之，学而不厌，诲人不倦，何有于我哉？”

师：边读边想象孔子说话的表情和语调，你体会到了什么？

（孔子他在反思、勉励自己）

（3）CAI出示《论语》中关于学习的名句。

师：其实《论语》中，像这样的名句还有很多，充分体现了儒家的为学之法与传统治学之道，成为几千年来人们不懈追求和努力的方向。孔子认为读书首先是使自己得到提升，能明理修身，然后还能为官治国，最终使天下获得太平。

（4）试着背诵这三句话。拿出书签将你最喜欢的一则工整地写下来，勉励自己。

【作业】

课后推荐收看电视短剧《演说论语》，感受《论语》魅力。

【板书设计】

25 古人谈读书

孔子　《论语》　谦虚、求实、勤奋　　　　诲人不倦

第二课时

【课时目标】

1. 正确、流利地朗读二、三两则名言并背诵积累。

2. 能借助注释，理解第二、三两则名言的意思，感受古今词语意义和表达方式的不同。

3. 结合生活经验、背景资料，体会朱熹、曾国藩的读书治学之道，获得启示。

【教学过程】

一、复习导入，明确目标

师：同学们，上节课我们初读了第 25 课，从

《论语》中汲取了古人读书的智慧。今天我们继续学习后面的二、三两则，看看又能给你们带来什么新的发现。

二、初读文言，读通读顺

1. 学生自由读这两则文言，借助注释，读准字音。

2. 教师查读正音。

(1) 心既到矣，口眼岂不到乎？(注意“矣”和“岂”的读音，注意读出反问句的语气)

(2) 如河伯之观海，如井蛙之窥天，皆无识者。(识 shí 第二声)

3. 出示“/”停顿符号学生自由练读，读通读顺，读出文言的节奏。

注意点拨：盖，语气词。第三则中三个长句子，要注意断句，教师应示范。

4. 多种形式朗读。调动朗读能力强的学生作示范朗读，全班学生进行评价，再齐读。

【设计意图】

通过结合注释、借助停顿符号，自主诵读，并用互评的方式引导学生正确、流利地诵读文言文。

三、合作学习，疏通文意

1. 课件出示小组合作学习任务单。

第一步：请同学们对照注释说一说每句话的意思。如遇到注释中没有给出解释的，试着用我们上节课所学的“联系上下文法”去猜一猜，再查资料验证。

第二步：小组交流，派选代表全班交流。

【设计意图】

通过小组合作学习，充分调动学生的学习经验，引导他们采用联系上下文、猜读验证、结合资料的方式读懂文言。在必要处，教师进行精

2. 全班交流，教师相机点拨。

(1) 古今异义词（猜——用资料验证）

A. 三到之中，心到最急。（急：重要）

师相机出示《古代汉语字典》中对“急”的解释，对学生的猜想予以肯定。像这样和现在我们常理解的意思不一样的词，我们称为“古今异义词”。

B. 教师让学生找到两则文言中其他的“古今异义词”，完成表格。

词语	古意	今意
急	重要	①着急　②急迫
断	绝对、一定	（长形的东西）分成两段或几段
下流	下等，劣等	①河流的下游 ②卑鄙龌龊
尝	曾经	吃

C. 师小结：同学们能联系上下义，大胆猜测，再借助工具书认真求证，很不错。大家还找到了这些古今异义词。了解和掌握它们，会让我们的古文学习事半功倍呀！

(2) 学生继续分享交流注释中没有的词语。

A. 余尝谓　余：我

B. 河伯观海、井蛙窥天

先通过“河伯”身份和“海”的对比，了解河与海的区别，弄清这个典故。再联系后文发现，

讲，引导学生掌握文言知识。

它与“井底之蛙”放在一起作例子，是为了说明“无识”。

四、趣读文言，谈谈启示

1. 想象情境读文言。

(1) 教师过渡：刚才同学们已经理解了两则文言的意思，让我们在理解的基础上，趣读文言。先请大家设身处地来想象一下朱熹说话时的表情、语调和当时的情境。可以借助我们书上的插图和老师出示的资料。

[课件相机出示《训学斋规》(也叫《童蒙须知》)。朱熹的这段话，收录在《训学斋规》中。它原来印刻在白鹿洞书院的石碑上，是书院的院规，类似于我们今天的校规。]

(2) 学生想象情境，自由读、指名朗读。

(3) 教师引导思考：朱熹对学子们的要求是什么？为什么说“三到”之中“心到”最急？

(学生可用原文回答：“心不在此，则眼不看仔细，心眼既不专一，……记亦不能久也”)

(4) 引导学生联系生活实际说说体会。

2. 模拟对话读文言。

(1) 课件出示介绍。

师：曾国藩是中国晚清政治家、理学家、文学家，湘军的创立者与统帅，在他的倡议下建造了中国第一艘轮船，建立了第一所兵工学堂，相当于现在的军事大学。文段出自《曾国藩家训》，这是一本为人处世、持家教子的智慧之书。

(2) 现在我来扮演向曾国藩求教的人，请同学们来与我对读。

师（**双手作揖状**）：吾儿在家读书，不审每日如何用功。自岁首以来，懒惰如故。曾兄可有良训于我？

（生读文言）

师：曾兄所言极是，承蒙谆谆忠告，铭感五衷！有志、有识、有恒三者缺一不可啊！

(3) 师：同学们，曾国藩说有志、有识、有恒，三者缺一不可。如果缺了其中一个呢？

师评价：从你们的思辨中，我发现了你们的成长和领悟，非常棒！

五、串联古文，拓展升华

1. 师：同学们，三则古文我们都读完了，大家不仅理解了意思，了解了文言知识，还领悟到了读书之法。我们现在把三则古文串联起来，你们又有什么新的发现呢？

预设生：孔子、朱熹、曾国藩三位圣贤都做到了诲人不倦。

生：孔子、朱熹、曾国藩不仅自己勤于读书，还总结了很多读书的经验，勉励后人。

生：我觉得他们不仅仅是在谈读书，更是通过读书来讲如何做学问，如何做人。

师：同学们非常善于发现。“四书”的定名，

【设计意图】

在还原情境、对话朗读中，加深对文言的理解，获得启示。最后纵观全文，感受儒家文化的辉煌，激发学生的家国情怀。

源于朱熹，他编纂了《四书集注》。他的思想被后人称为“朱子学”“程朱理学”，据说曾国藩是孔子的弟子曾子的七十世孙。从孔子到朱熹再到曾国藩，这是儒家文化的一脉相承。读着这些古文，我们能感受到儒家思想在中国历史文化长河中展现出来的辉煌与价值。让我们牢记这些圣贤的训诫，在生活中循序渐进地去通晓它们，增进德行，修养学业！

2. 再一次有感情地诵读三则古文。

【作业设计】

1. 背诵三则古文。

2. 联系课文内容，结合自己读某一本书的体会，写一段小感受。

【板书设计】

25　古人谈读书

孔　子	《论语》	谦虚、求实、勤奋	诲人不倦
朱　熹	《训学斋规》	心到、口到、眼到	心到最急
曾国藩	《曾国藩家训》	有志、有识、有恒	缺一不可

九、设计思想

文言文是现代汉语的源头之一，是传承中华文明、弘扬优秀传统文化的重要载体，对培养学生的语文核心素养具有举足轻重的作用。统编小学语文教材共编排文言文 17 课，另选取文言文片段 14 篇。所选文本内容都与儿童的学习、生活紧密相关，或揭示道理，或弘扬文化，或伸张正义，或传播智慧等，从多角度体现中华民族的传统文化。所以，在教学中不仅要让学生理解文言内容，掌握文言常识，体会文言文精练的语言特点，还要巧妙地渗透学习文言文的基本方法。例如，引导学生自己通过看注释、联系上下文、结合生活经验等来理解文言大意，通过多种形式的朗读训练，让学生读出古文特有的韵味，进而能将所感所悟运用到自己的生活中。

邹郢，武汉小学语文高级教师。湖北省青年教学能手，武汉五一劳动奖章获得者，武汉市优秀青年教师，武昌区学科带头人，武昌区教坛新秀，武昌区百优班主任，武昌区优秀辅导员。曾获第二届全国中小学青教赛二等奖、第六届湖北省青教赛一等奖、武汉市教师五项技能竞赛一等奖。主持多项市区课题并结题，多篇论文在各级各类竞赛中获奖并发表。指导多名青年教师在省、市语文教学竞赛中获一等奖。多次作教材教法报告。

基于经验生长，善思提升素养

——“认识几分之一”教学设计

武汉市光谷第七小学　汪学军

一、教材分析

本课是人教版义务教育教科书三年级上册第八单元第一课，也是认识分数的起始课，是学生学习几分之几、分数的意义的知识基础，为后续分数学习积累基本活动经验。本课之前，学生学习过“平均分”，也具有“一半”的生活经验。教材设计了了解分数的产生、认识几分之一和比较几分之一的大小三个环节。

分数的产生重视学生已有的“平均分”经验，让学生平均分实物，发现平均分实物有时分得的结果是整数，有时分得的结果不是整数，需要一个新的数来表示，从而体会分数产生的必要性，感受数学与生活的联系。

认识几分之一从学生已有的生活经验“一半”出发，通过分一分活动数学地解释“一半”，使其生长为$\frac{1}{2}$。在此基础上，将$\frac{1}{2}$的数学概念迁移到$\frac{1}{3}$、$\frac{1}{4}$、$\frac{1}{5}$、……，进而建立平均分的份数与几分之一的“几”之间的关系，归纳出几分之一的概念，了解分数各部分的名称。最后，通过折一张纸的$\frac{1}{4}$进行求同比较，得出虽然分法不一样，但都是平均分成四份，每份都是$\frac{1}{4}$，抽象出部分与整体之间的关系，发展学生的数感和推理意识（归纳）。

在理解几分之一的含义基础上，比较几分之一的大小借助直观手段进行判断，借助生活经验进行解释。最后，学生通过观察，发现比较大小的规律，发展推理意识（归纳）。

数感主要是指对于数与数量、数量关系及运算结果的直观感悟。本节课体现在“能够在真实情境中理解数的意义，能用数表示物体的个数”。本节课在“一半”的真实情境中理解$\frac{1}{2}$的意义，再将其迁移到在直观图形中理解$\frac{1}{3}$、$\frac{1}{4}$、$\frac{1}{5}$、……的意义，形成分数的直观感悟。

推理意识主要是指对逻辑推理过程及其意义的初步感悟。本节课体现在“能够通过简单的归纳和类比，猜测或发现一些初步的结论”。在认识几分之一的意义时，通过$\frac{1}{2}$、$\frac{1}{3}$、$\frac{1}{4}$、$\frac{1}{5}$、……的意义，发现平均分的份数与几分之一中的“几”之间的关系。学生在几组几分之一大小关系的数学事实中，发现“分子是1时，分母越大，分数反而越小”，并能结合生活经验给出合理的解释。

二、学情分析

本节课学生已经有平均分的数学经验，也有“一人一半”的生活经验，如何将这两个经验发展为数学概念$\frac{1}{2}$是关键。现行教材重视计数单位教学，所以分数的起始课设为几分之一，与过去起始课为几分之几相比，其注意的点减少了一个，只有两个，即“平均分”和“分的份数”，降低了学生的认知难度。所以，$\frac{1}{2}$的教学是关键，在这一环节，学生要将生活经验“一半”发展为“平均分成2份，其中的1份就是一半，也就是$\frac{1}{2}$”，才能将认知经验迁移到认识$\frac{1}{3}$、$\frac{1}{4}$、$\frac{1}{5}$、……的学习之中。

本节课数感体现在“在真实情境中理解数的意义”。三年级学生以具体形象思维为主，学习材料应以具体直观实物或图形，有利于学生在操作活动中学习。从本单元和后续的分数学习来看，无论是意义、性质，还是运算，都是在直观实物或图形中学习，本节课要重视数学基本活动经验的积累。

学生在操作中得到数学事实，最终还是要通过归纳类比得到数学的初步结论。课本中的“像$\frac{1}{2}$、$\frac{1}{3}$、$\frac{1}{4}$、……这样的数是分数”，三年级学生的真实思维是“平均分成几份，其中的1份就是几分之一”。得到这一数学初步结论，需要学生进行求同比较，也需要学生进行求异比较。求异比较得到的是平均分的份数不同，几分之一的“几”就不同。求同比较得到的是都是平均分，平均分的份数和几分之一的“几”是对应的。所以，指导学生开展类比活动，是发展学生归纳能力的关键。

三、教学目标

1. 在真实情境中了解分数的产生，通过操作活动理解并掌握几分之一的意义，知道分数各部分的名称，会比较几分之一的大小，发展学生数感。

2. 在具体的操作活动中，通过类比活动发展学生的归纳能力，渗透比较的数学思想。

3. 在操作活动中，体会几分之一与生活现象的联系，培养学生的好奇心和求知欲。

四、教学重点

几分之一的意义。

五、教学难点

比较几分之一的大小。

六、教具、学具准备

PPT 课件、彩笔、圆形、正方形和长方形纸若干。

七、教学过程

（一）体会分数产生

课件出示下图，师：把 4 瓶矿泉水分给 2 个小朋友，你打算怎么分？

学生回答可以一个人 3 瓶，另一个人 1 瓶，或者每个人 2 瓶。学生回答后，教师指出：“今天我们继续研究平均分。”

出示下图，师：把 2 个苹果平均分给 2 个小朋友，每人分得几个？

学生回答每人分得 1 个后，教师接着出示下图，问：和前面分矿泉水、分苹果有什么不一样？每人分得几个？

【设计意图】

在分物品、测量和计算得不到整数结果时，这是分数产生必要性的真实情境。教材在五年级编排的是测量和计算的真实情境，在三年级编排的是用平均分物品让学生体会分数产生的必要性，其目的就是要激活学生平均分的数学经验。

把一块月饼平均分给2个小朋友，每人分得多少？

学生回答后，教师接着说：“在我们的生活中，经常会遇到这样不够分的情况，我们可以用新的数来表示分得的结果。”板书课题：分数的认识——几分之一。

（二）认识几分之一

1. 体会几分之一与平均分的份数的关系

(1) 认识二分之一

师：把一个月饼平均分给 2 个小朋友，每人分得半个。半个是多少呢？

教师随手拿起圆形纸片，撕出大小不一的两部分，问：“这是半个吗？”学生回答“不是”，并指出要平均分后，教师对折两次，平均分成 4 份，然后一个小朋友一份，接着问：“这是半个吗？”学生回答“不是”后，教师追问：“我平均分了呀！为什么不是半个呢？”引出要平均分成 2 份，教师再动画演示，接着布置新的学习任务。

师：动手折出半个，说一说你是怎么想的？

学生可能会说“把一张圆形纸片对折，一份就是半个”。教师追问：“为什么要对折？”学生回答：“平均分成两份。”教师板书：把一块月饼平均分成 2 份，这样的一份就是这块月饼的$\frac{1}{2}$。

【设计意图】

“一人一半”有两个数学属性，一个是平均分，另一个是平均分的份数是 2 份。教师两个操作活动，让学生认识到“一半”的生活经验包含的数学属性。学生通过折出一半和说一说，完整认识其数学属性，再用语言促进思维的完整性。

教师接着指名请学生说一说，然后同桌之间互相说一说。

(2) 认识四分之一

教师出示下图，说：“用圆形的纸片代替月饼，动手折一折，一边折一边说：‘你是怎样分的？每人分得多少？’”

学生折完后，教师请学生边折边说，然后用动画演示。教师指着二分之一的板书，说：“你能像这样说一说吗？同桌之间相互说一说。”

学生说完后，再指名请学生说一说。

【设计意图】

学生折$\frac{1}{4}$，说$\frac{1}{4}$，都是将$\frac{1}{2}$的经验迁移到新知识的学习上。比较$\frac{1}{2}$和$\frac{1}{4}$，是求同比较，在平均分的基础上，突出平均分的份数与分母之间的对应关系，为后续认识其他分数积累经验。

(3) 比较二分之一和四分之一

出示下图，问：“分同样的月饼，为什么一会儿是$\frac{1}{2}$，一会儿是$\frac{1}{4}$呢？”

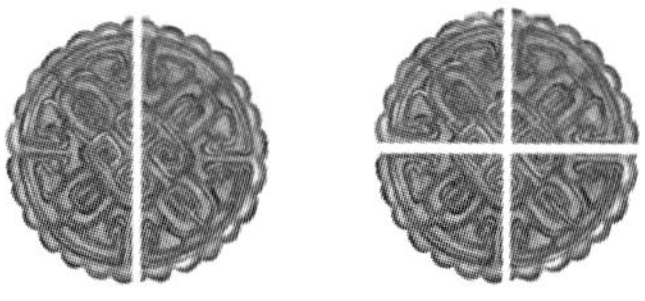

$\frac{1}{2}$　　　　$\frac{1}{4}$

学生回答后，教师总结：看来几分之一的“几”和平均分的份数有关。

(4) 运用经验说分数，涂分数

教师出示下图，问：“涂色的部分是几分之

【设计意图】

部分与整体之间的

几？你是怎样想的?”

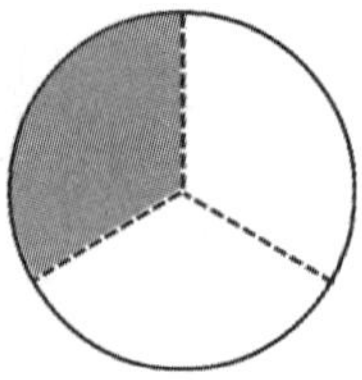

学生先同桌之间相互说一说，教师再请学生说一说。

教师接着出示一个长方形，问：“你能够分出长方形的$\frac{1}{5}$吗？动手试一试。”

学生操作时，教师巡视指导。

学生完成操作后，全班交流反馈。

2. 分数的读法和写法和各部分的名称

(1) 教学分数的写法

教师边写，边引导学生体会：先画横线，表示平均分；再写3，表示平均分的份数；最后写1，表示这样的1份。

(2) 教学分数的读法

教师先让学生读一读上面的分数，再以$\frac{1}{3}$为例，教学读法。

(3) 教学分数各部分的名称

3. 体会几分之一表示部分与整体的关系

教师利用课件出示例2（如下图），问：“你能折出这个正方形的$\frac{1}{4}$吗?”

折一折，说一说：折出下面正方形的$\frac{1}{4}$？你

关系在本单元分数的简单应用和五年级的分数意义中还要深入体会。本节课初步目的是让学生经历从特殊到一般的认识过程。一张正方形纸的$\frac{1}{4}$有不同折法，排除形状、大小等因素的干扰，在具体事物中感受部分与整体的关系（特殊），加入月饼的$\frac{1}{4}$后，就使学生对几分之一的认识从特殊走向一般。

是怎样折的？

学生折完后，展示学生作品（如下图）。

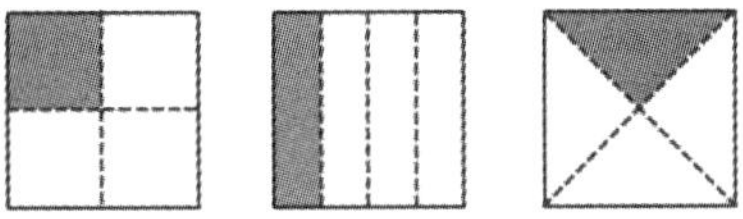

教师接着问：“折法不一样，为什么都是$\frac{1}{4}$呢？”引导学生说出：都是把这个正方形平均分成了4份，这样的1份就是这个正方形的$\frac{1}{4}$。

最后，教师利用课件出示下图，问：“分的东西不一样，分法也不一样，为什么都是$\frac{1}{4}$呢？”

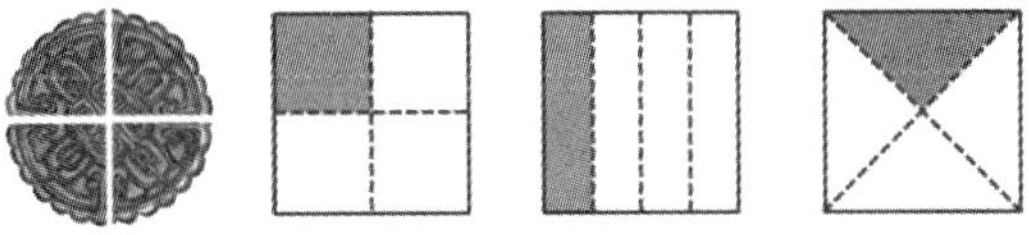

学生思考后，引导学生说出：都是把整个物体平均分成4份，这样的1份就是这个物体的$\frac{1}{4}$。

（三）分数大小的比较

教师先拿出两次分月饼的图（如下图），问：“观察一下，$\frac{1}{2}$和$\frac{1}{4}$谁大谁小？”

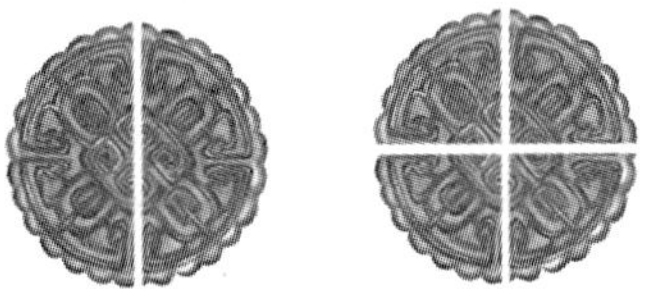

【设计意图】

几分之一的大小比较基于直观图形的判断，通过生活经验进行解释可让学生体会到结论的可靠性。在几组直观图学生回答后，教师追问：“为什么 2 比 4 小，$\frac{1}{2}$还比$\frac{1}{4}$大呢？你能联系生活说一说吗？”引导学生得出“一块月饼，分的人越多，每个人分得越少”。

形比较之后，再让学生观察类比，发现其中的规律，发展学生的归纳能力。

教师再次利用课件出示下图，问：“$\frac{1}{4}$和$\frac{1}{6}$，谁大谁小？”

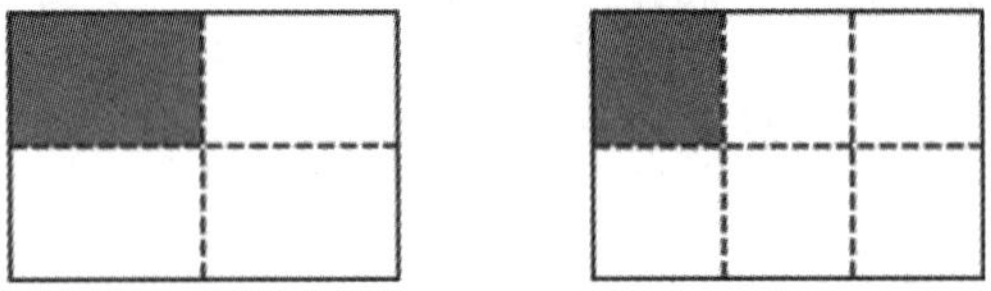

教师请学生回答，全班评价。教师接着出示下图，问：“你发现了什么？”

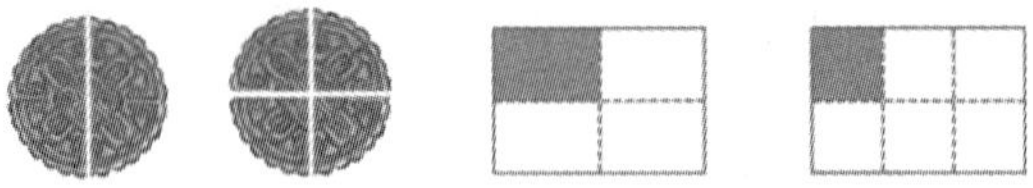

$\frac{1}{2}$ ⃝> $\frac{1}{4}$　　　$\frac{1}{4}$ ⃝> $\frac{1}{6}$

学生回答后，引导学生总结：同样的东西，分的份数越多，每一份越小；或者分子都是 1，分母越大，分数反而越小。

（四）巩固练习

1. 看图写分数。

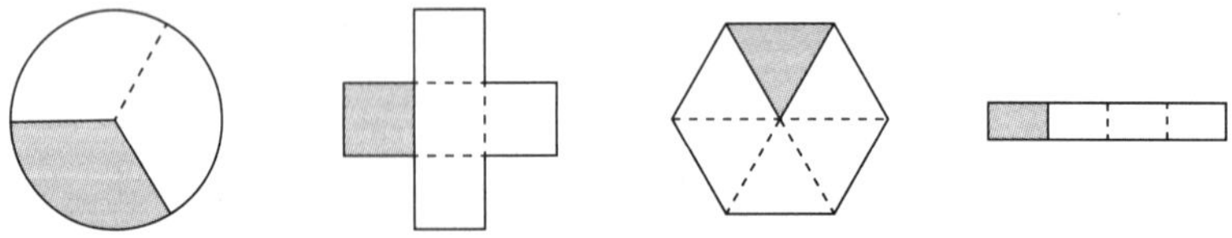

$\frac{(\ )}{(\ )}$　　$\frac{(\ )}{(\ )}$　　$\frac{(\ )}{(\ )}$　　$\frac{(\ )}{(\ )}$

2. 看图写分数，并比较大小。

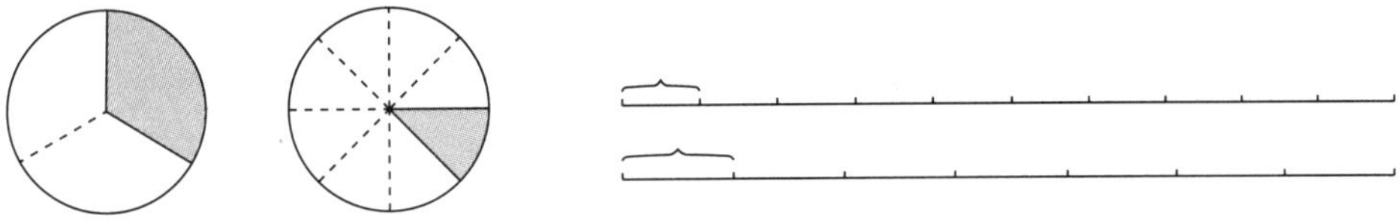

$\frac{(\quad)}{(\quad)}$ ○ $\frac{(\quad)}{(\quad)}$　　　　$\frac{(\quad)}{(\quad)}$ ○ $\frac{(\quad)}{(\quad)}$

（五）总结

师：今天你学到了什么？你是怎样学到的？

（六）作业

练习二十第 1～3 题。

（七）板书设计

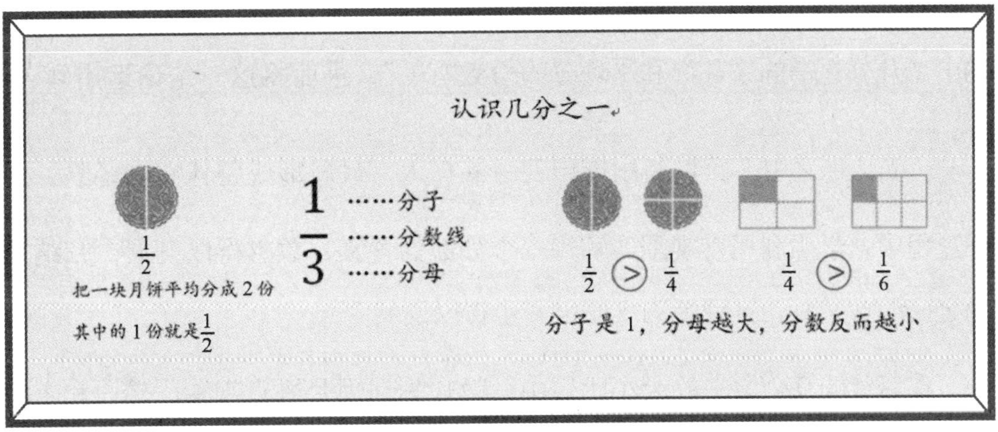

八、设计思想

杜威认为，经验就是有机体与环境，主体与客体相互作用的过程及其结果。经验既指实践的结果，即亲自从实践中获得的技能和知识，也表示一个动态的过程，即人的经验或体会。本节课“一人一半”就是经验的结果，而“平均分”则是经验的过程。教师将一张圆形纸片分成大小不一的两部分，再将这张圆形纸片平均分成 4 份，就是利用经验的过程“平均分”对经验的结果“一人一半”进行数学加工，使生活经验“一半”生长为数学经验$\frac{1}{2}$，完成了“平均分”的同化过程，也完成了平均分结果的顺应过程。

经验是一个持续性的行为。本节课认识几分之一是从特殊到一般，$\frac{1}{2}$的数学经验是一个部分。在经验的过程中，每一部分都是从前一部分自由地流动到后一部分，中间没有空隙。正因如此，$\frac{1}{2}$的数学经验可以顺利地迁移到$\frac{1}{4}$、$\frac{1}{3}$、$\frac{1}{5}$……

经验包含推理。杜威认为，感觉是经验的开始，理性在经验的发生过程中对经验进行调节与改进，并以各种方式扩大和改进经验。教师出示两张图，问：“分同样的月饼，为什么一会儿是$\frac{1}{2}$，一会儿是$\frac{1}{4}$呢?”引导学生归纳出“几分之一的‘几’和平均分的份数有关”，进而将这一结论运用到$\frac{1}{3}$、$\frac{1}{5}$……的认识之中，就是利用推理使经验扩大，最后形成整体性的经验。这一过程中，学生利用直观图理解每一个分数的含义，数感得以发展，归纳几分之一的含义时，推理能力（归纳）也得以发展。

在后续的几分之一的大小比较中，教师先利用月饼直观图比较$\frac{1}{2}$和$\frac{1}{4}$的大小，再利用生活经验来解释，发展了学生的数感。在几组利用直观图得出分数大小后，让学生发现其中的规律，把“分得份数越多，每一份越少”生长为“分母都是1，分母越大，分数反而越小”，既进一步完善了学生的数学经验，也发展了学生的推理能力（归纳）。

基于经验生长开展教学，不仅要把握好生长点，还要重视经验的结果，更要重视经验的过程。发展学生的核心素养，离不开学生的高阶思维能力，而高阶思维能力基于学生经验更容易展开。

汪学军，中共党员，中小学正高级教师，湖北省特级教师，湖北名师，“湖北五一劳动奖章”获得者，武汉市黄鹤英才，全国小学数学教学专业委员会第七届、第八届理事，省小学数学青研中心学术委员会主任，湖北省首届青年教师教学竞赛小学数学组第一名，发表文章50余篇，承担湖北省特级教师巡回讲学任务15年，承担“国培计划”培训讲座百余场，曾在湖北教育（教育教学）开设名师专栏。

突破迷思概念　聚焦量感培养

——“什么是面积”教学设计

宜昌市伍家岗区实验小学　谢　莹

一、教材分析

本课是北师大版小学数学三年级下册第五单元“面积”的第一课，是在学生已经掌握了长方形、正方形的特征，并且学会计算长方形和正方形周长的基础上进行教学的。学生通过这节课的学习，能为以后学习其他平面图形的面积计算打下基础。

教材围绕三个问题串设计了三个教学活动。

活动一：“看一看，比一比”。教材结合实例认识面积的含义，感受概念产生的必要性和概念形成的过程性，并准确区分周长与面积，理解面积的含义。

活动二：用“剪一剪，拼一拼，摆一摆”等方法，比较两个图形（正方形与长方形）面积的大小。教材采用“直接比较—间接比较”法的比较路线来帮助学生建立面积概念，探索比较图形面积大小的方法。学生通过用“剪一剪，拼一拼，摆一摆”等方法，体会图形面积的大小可以用图形所包含的小方块的个数来表示，初步感受度量思想。在本活动中，一方面要从多角度帮助学生明确度量方法的多样性以及方法的普遍适用性。重叠比较法与剪拼法固然合理，但也有局限性，它们要求图形是允许剪开和移动的。若两个图形都不允许被移动或破坏，就更能体现借用一个标准（单位正方形）间接比较的必要性。

活动三：在方格纸上画形状不同但面积相同的图形。体会图形的面积是一个数量概念，不同形状的图形可能具有相同的面积，同时认识方格纸是比较或度量图形面积的重要工具，进一步体会度量的思想。

《义务教育数学课程标准（2022 年版）》中新增了数学核心素养“量感”。量感主要是指对事物的可测量属性以及大小关系的直观感知。从一维的长度到二维的面积，本就是学生空间认识上的一次飞跃。基于此，“什么是面积”一课也不只是认识“面积”的概念，更重要的是通过一系列可操作的数学活动，用数学的方法量化“面”的大小，促进有关面积大小的量感形成；使学生在量“面”的活动中逐步形成面积的表象，感受到“面”的二维特征；在对“面”的认识、测量等活动中，促进学生用数学的眼光真正理解面积，抽象出面积的概念，进一步发展量感。

通过以上分析可知，“什么是面积”一课的教学就是要使学生理解度量面积可以借助小面测大面（用单位正方形密铺），数出有几个小面，再用数来表示相应面的大小。因此，本节课的教学要解决两个关键问题：第一，怎样以浅显易懂的方式使学生深入理解面积的含义；第二，如何让学生自发地寻找标准（单位正方形）来度量面积，在将面积抽象成数量的过程中，初步理解面积单位的建立规则，渗透数学思想方法。让学生经历实物—图形—大小—测量—抽象的过程，感悟概念产生的必要性、概念形成的过程性、度量方法的关键性，学生在感知—感受—感悟—感觉的全过程中，量感的培养悄然完成。

二、学情分析

美国教育心理学家奥苏贝尔曾说过，影响学习的最重要原因是学生已经知道了什么，我们应当根据学生原有的知识状况去进行教学。课堂前测是教师根据学习的内容和目标，在不加干预的情况下，考查学生的学情，以贴近学生的最近发展区，有针对性地组织教学的测试过程。课堂前测能找准切入点，落实分层点，确定着力点，凸显思维点，让“教什么”更贴近学生实际，提高了“教”的效率，提升了“学”的品质，点亮了生本课堂。

学生对于“面积”有哪些生活经验？为明确这一问题，本人设计了课堂前测，如表所示。

表 1　“什么是面积”课堂前测答题情况统计表

题号	正确（人）	错误（人）
1	6	26
2	24	8
3	29	3
4	4	28
备注：选取了所在学校三年级某班 32 名学生进行前测，学生覆盖优、中、弱三个层次。		

“什么是面积”课堂前测分析

1. 你知道面积吗？请你画一画下面树叶的面积。

前测 1 有近 81.25%的学生出错，由此可见，绝大多数学生听说过“面积”一词，对物体的大小能初步感知和判断，能结合生活经验直观比较某些物体表面的大小，但是对面积的内涵没有清晰的认识。所以教学中要厘清周长和面积的区别，这也是学生学习本课需要解决的第一个困惑。

【设计意图】

了解学生对面积及其内涵的原始认知。

2. 下面图形有面积吗？在你认为有面积的图形下面打“√”。

【设计意图】

了解学生能否判断

什么样的图形有面积。

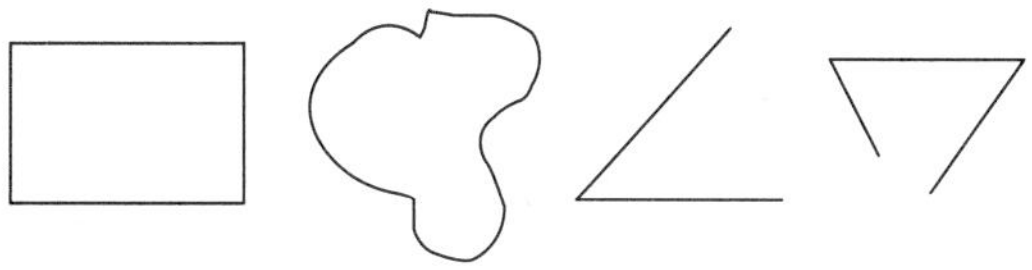

前测 2 有 75%的学生能准确判断什么样的图形才有面积。有面积的图形应是封闭、有边界线、不开口的。这个问题只需针对出错的学生实施精准教学，帮助其找出致错原因，体现分层教学的必要性。

3. 比较红色部分和蓝色部分谁的面积大，请在○里填上合适的符号。

【设计意图】

了解学生能否借助方格来判断面积大小，并初步感知借助工具比较面积大小的好处。

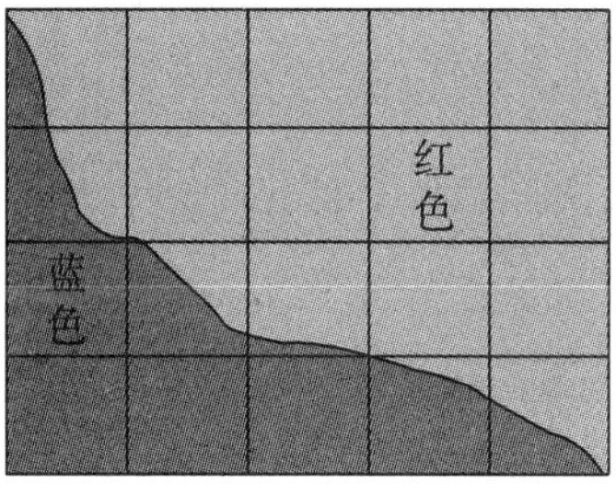

红色部分面积○蓝色部分面积

前测 3 有 90.6%的学生可以判断出有方格背景下两个图形的大小。这个问题只需针对出错的学生实施精准教学，帮助其找出致错原因，体现分层教学的必要性。

4. 你能比较出下面哪个图形的面积大吗？可以剪一剪、拼一拼、摆一摆、比一比。你是如何比较的？

【设计意图】

了解学生能否寻找标准或借助工具来比较两个图形的面积大小。

前测4有近87.5%的学生判断错误，不少学生通过比较周长，发现长度一样，就认为面积是相等的。同时，有很多学生不能够找到合适的工具来比较两个图形的面积大小。看来学生在没有方格背景下比较图形的大小是有困难的，这正是本课需要解决的第二个困惑。

课堂前测呈现出了孩子们的已有经验，也暴露出孩子们的困惑。三年级学生对面积并非一无所知，但对面积的认知是模糊的，对“周长”“面积”两个概念容易混淆，需要加以系统地梳理和引导。大多数学生能准确判断封闭的图形才有面积，说明他们对于“面”的感知还是非常准确的。能正确比较有方格背景下两个图形的大小，而在没有方格背景的情况下比较图形的大小，有87.5%的学生判断错误，可见如何选择合适的工具来度量图形的大小，是学生学习中的困难之处。因此本节课需注重从围绕概念属性出发，设计直观、可感的操作和体验活动，才能了解概念，感受度量思想，从而培养学生量感。

三、教学目标

1. 结合具体实例，认识并理解面积的含义。

2. 经历比较两个图形面积大小的过程，探索比较图形大小的方法。

3. 在操作活动中积累比较图形面积的直接经验。

4. 在比较图形面积大小的过程中养成独立思考、合作交流、勇于探索的习惯。

四、教学重点

对面积意义的理解，学会如何比较图形的面积大小。

五、教学难点

在比较两个图形面积大小的活动中体会面积是一个数量概念，区分周长和面积。

六、教学具准备

课件、工具箱（剪刀、方格纸、印章、小方块、直尺）。

七、教学过程

（一）课堂实录

师：同学们，老师对大家昨天完成的课堂前测答题情况进行了统计。观察表格，你们能看出哪几题做得比较好吗？（学生言之有理即可）

师：大家真善于观察！通过对比数据，发现第2、3题完成较好，第1、4题错误人数较多，说明大家还存在困惑。今天这节课，我们就围绕前测来解决大家的困惑。

【设计意图】

利用前测数据培养学生观察、分析等多方面的能力，自然引入新课内容，提升课堂教学内容的针对性。

生活情境中体验数学现象，构建数学模型，初识“面积”

1. 对话交流，辩中有思，初步感悟什么是面积。

（1）辩一辩

师：同学们，课堂前测第1题，画树叶的面积，有A、B两种画法，你支持哪一种？为什么？

预设1：支持A，因为可以看出树叶的大小。

【设计意图】

课件出示课堂前测

预设 2：支持 B，A 是树叶的周长，B 才是面积。

师：小明同学，你在做课堂前测第 1 题的时候，是怎么思考的呢？

预设：我画的是 A，但心里想的是周长里面的部分才是树叶的面积。

师总结周长与面积的区别。

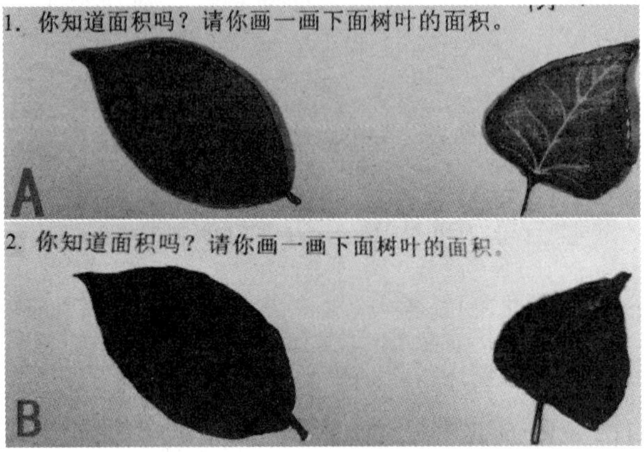

（2）找一找

师：这三组物体表面的面积又在哪儿呢？我们一起比划比划。

请一名同学上台带领大家一起找一找树叶的面积、硬币的面积、书本封面的面积。

（3）比一比

层次一：用观察法即可比较大小。分别比较数学书与语文书封面的大小、一元和一角硬币币

中树叶面积的不同表示法，对话与交流中区别树叶的周长与面积，初步感悟什么是面积。

【设计意图】

采用观察法、重叠法等，让学生在一系列的活动中，充分感受面积是一个物体表面的大小，从而促使学生对“面积”概念有一个感性认识，正确理解周长与面积的不同。

【设计意图】

课堂前测中暴露出学生对面积的认知是模糊的，对周长和面积的概念是混淆的。于是，直接出示课堂前测中树叶面积的不同画法，帮助学生在对话与交流中区别树叶的周长与面积，初步感悟什么是面积。学生在找物体表面的面积，比较面积大小，找图形面积的过程中，真正理解什么是面积，让量感的培养具象化。学面的大小、两片树叶面积的大小。

层次二：需要用重叠法比较大小。

比较书本封面、硬币面、树叶面中，谁的面积最大，谁的面积最小。

(4) 说一说

师：这些图形是从哪儿来的？它们有面积吗？

预设：周长里面涂色的部分，就是图形的面积。

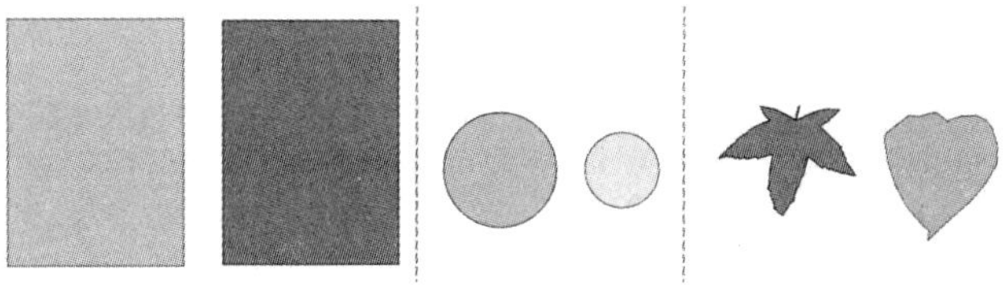

2. 涂色感悟，丰富感知，认识封闭图形的面积。

(1) 议一议

师：在课堂前测中，很多同学都认为左边两个图形有面积，右边两个图形没有面积，为什么？说说你的想法。

预设：右边两个图形有开口。

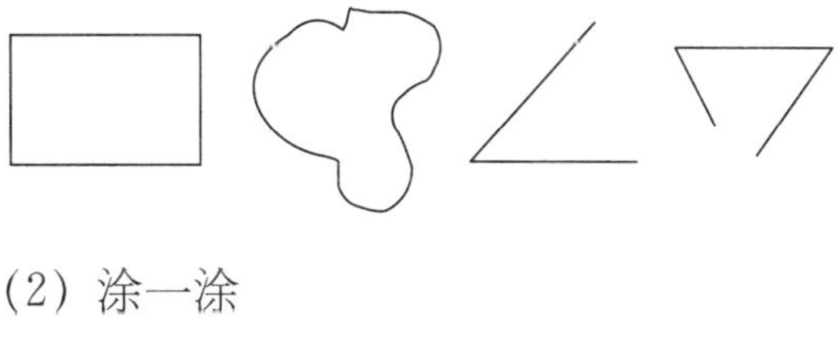

(2) 涂一涂

师：请一位同学用“画图”工具，使右边两个图形也有面积。

学生补图，填充颜色。

生在这一环节中，经历对面积概念从具体到抽象的认识过程，学习在这里真正发生，抽象的图形要素“面积”变成了学生触手可及的自然体验，面积这个概念顺理成章地被学生接纳，进而被理解。

【设计意图】

由于前测第 2 题的完成情况较好，所以设计这一环节，放手让学生自主操作，利用“画图”工具，动手补图，填充颜色。从实物到图形，是从具体到抽象的过程。设计“议一议”“涂一涂”的活动，主要是解决前测第 2 题中出错的问题，利用画板进行演示，学生发现前两个封闭图形自然就填满了颜色，而后两个图形，学生要自己动手再加上一条线使之成为封闭图形，才能涂满颜色。通过这个活动，学生再次直观体验到什么是封闭图形，什么样的图形才师：通过刚刚的学习，我们一起来归纳一下，什么是面积呢？

总结归纳并完成板书：物体的表面或封闭图形的大小就是它们的面积。

有面积，加深对面积概念的理解，从而得出面积更精准的概念描述。

在动手操作中聚焦概念本质，构建数学概念，发展学生量感

1. 摆一摆，比一比，积累度量的活动经验。

(1) 说一说

师：在课堂前测第 3 题中，同学们能比较出红色面积比蓝色面积大，而在第 4 题的比较中，大家就遇到了困难。这是怎么回事呢？

预设：第 3 题有方格，可以数出红色部分面积大些。

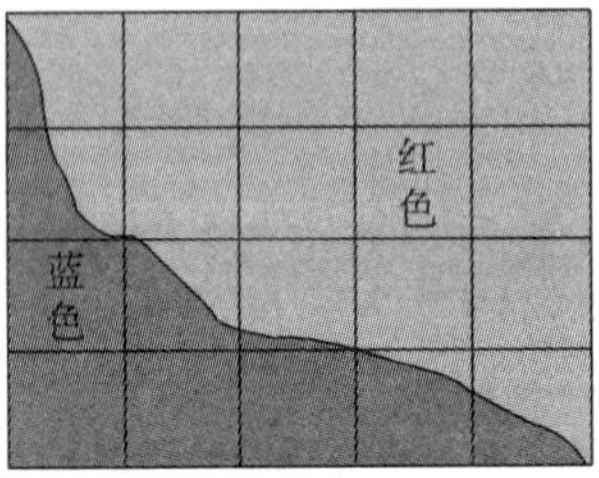

(2) 比一比

师：第 4 题的两个图形的面积究竟谁大谁小？如何比较？分组选择合适的工具进行测量，比较两个图形面积的大小。

【设计意图】

学生在比较长方形和正方形面积大小的过程中，通过用“剪一剪，拼一拼，摆一摆”等方法，初步感受度量思想。学生在摆一摆的过程中，体验“以小测大、以面测面”的测量方法，充分感受面积的“有限可加性”。同时在活动中主动探索，获得比较图形面积的多种方法，积累度量的直接活动经验，使学生认识到，“面积”的本质不仅是图形的大小，也是一个数量。发展学生独立思考、合作交流、勇于探究的能力。

汇报交流时，引导学生从选择的工具、度量的步骤与得到的结论三个方面进行分享。按照剪拼法、方格纸、小方块等不同方法，层层递进地组织汇报。

2. 想一想，画一画，在量的叠加中培养量感。

（1）画一画

在方格中画出 3 个不同的图形，使它们的面积都等于 7 个方格的面积。

（2）看一看

展示学生不同的画法。

（3）说一说

比较不同的画法，说一说你发现了什么？

在巩固练习中对比延伸，探寻度量本质，积累度量经验

主题式学习活动：测量身边物体表面的面积。

选择的物体名称	选择的工具 1	选择的工具 2	测量结果

【设计意图】

通过画一画、看一看、说一说的活动，学生体会图形的面积是一个数量概念，不同形状的图形可能具有相同的面积，同时认识方格纸是比较或度量图形面积的重要工具。加深学生对面积含义的理解，发展度量意识。

【设计意图】

量感的建立必须在操作体验的基础上通过思维的参与形成表象，总结提升经验才能内化新知、加深理解。所以在本节课的最后，设计这个“主题式学习”环节，让学生通过小组合作探究，在选择不同测量对象、不同测量工具，得出不同测量结果的过程中，充分感知量感的形成过程。特别是在“为什么测量相同的物体表面，但测量的结果却不一样呢？”这一问题提

(1) 量一量

选择合适的工具测量身边物体表面的面积。

(2) 想一想

为什么测量相同的物体表面，但测量的结果却不一样呢?

出时，让学生很自然地产生认知冲突，让学生充分感受到统一面积单位的必要性，从而为引出下一节课“认识面积单位”做好铺垫。

(二) 板书设计

什么是面积

物体的表面或封闭图形的大小就是它们的面积。

①16 个□

②15 个□

①>②

(三) 学习评价 (后测)

为进一步探索融合信息技术的新型教与学模式，充分利用信息技术优势，借助网络平台开展课堂后测，对学生的学习情况进行整体评价，达到教学评一致性。以下是后测题设计。

“什么是面积”课堂后测

1. 我们通常在比较一个长方形和一个正方形的面积大小时，选用下面哪种工具最合适?(　　)。

A. 直尺　　B. 小正方形硬纸片

C. 小三角形硬纸片　　D. 小圆形硬纸片

2. 同样用 9 个大小相同的小正方形拼成一个长方形和一个正方形，它们的面积相比：(　　)。

A. 长方形的面积大　　B. 正方形的面积大

C. 一样大　　　　　　　　D. 不能确定

3. 想一想，填一填。

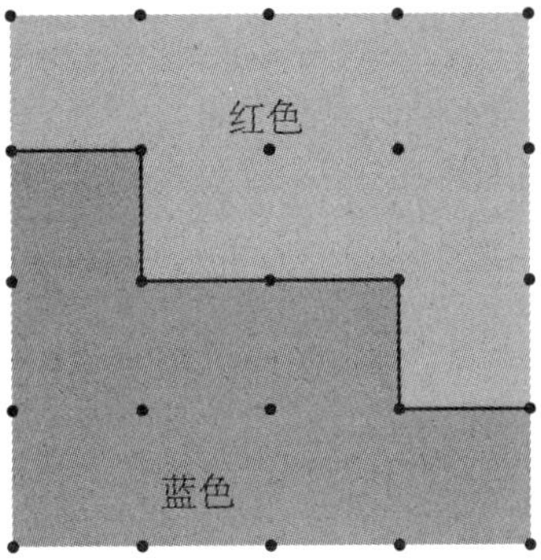

1号图

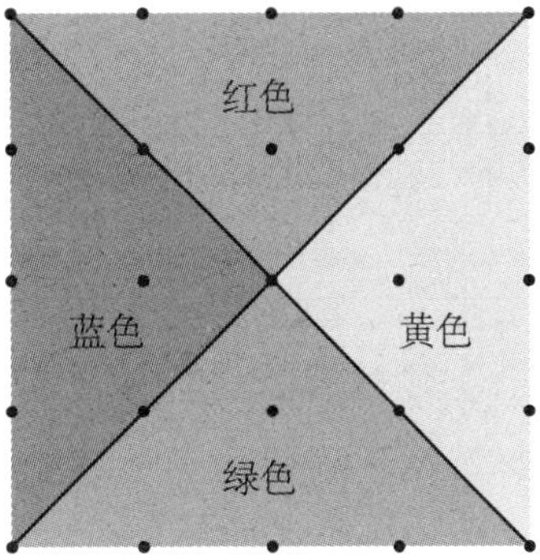

2号图

1 号图红色部分（　　）个方格大

蓝色部分（　　）个方格大

2 号图红色部分（　　）个方格大

蓝色部分（　　）个方格大

黄色部分（　　）个方格大

绿色部分（　　）个方格大

4. 淘气和笑笑分别测量一本书封面的面积，淘气测量的数学书封面是 9 个正方形方格大，笑笑测量的语文书封面是 12 个正方形方格大。语文书的封面面积一定比数学书的封面面积大吗？为什么？

（四）作业设计

1. 数一数，下面图案的面积分别等于多少个方格的面积？

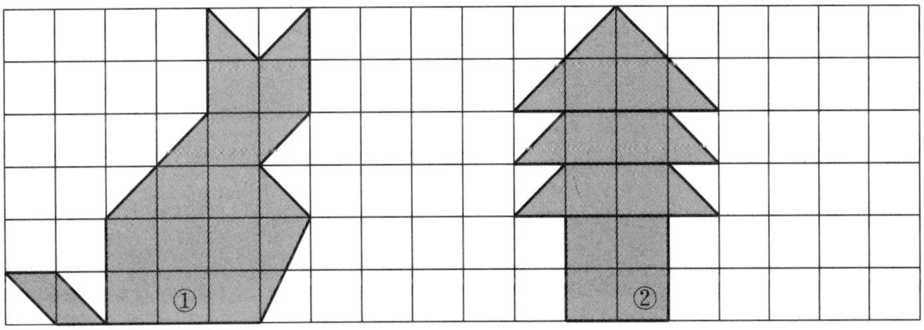

2. 你能设计一个与上图②面积相等的图案吗？画一画。

3. ①你对自己的作业进行评价，能得到（　　）个大拇指。

态度　时间　收获

②家长对你的作业进行评价，能得到（　　）颗星星。

态度　时间　效果

③老师对你的作业进行评价，能得到（　　）等级。

八、设计思想

教学活动是师生积极参与、交往互动、共同发展的过程。有效的教学活动是学生学与教师教的统一，学生是学习的主体，教师是学习的组织者、引导者与合作者。

本节课的设计遵循“以学定教，自主合作”的理念，在充分解读本课教材编写意图、学习目标、教学关键点的基础上，为了让学生“学会学习”，笔者采取“前测立起点—课中解难点”的设计思路，科学设置前测题，利用前测数据找准教学起点，找到学生思维的支点，课中主要围绕前测中出现的问题进行教学释疑。在实施课堂教学的过程中，充分挖掘课堂前测数据，用数据说话，基于学情开展教学活动，识错、述错、议错、化错，突破理解概念，把握度量本质，聚焦量感培养。学生在多次自主合作活动中，经历面积概念的抽象过程，感悟概念产生的必要性，概念形成的过程性，度量方法的关键性，在“感知—感受—感悟”的全过程中，量感的培养悄然完成。通过主题式学习设计，在知识向问题的转化过程中，学生的学习能力得以形成；在问题解决过程中，学生的认知能力得以提升；在问题解决后的反思过程中，学生的情感体验得以强化，从而为学生未来的发展奠基。

谢莹，中共党员，大学本科学历，一级教师，现任宜昌市伍家岗区实验小学北山校区执行校长，伍家岗区谢莹小学数学名师工作室主持人。从教十四年来，她秉持着“为师者，惟匠心以致远，当臻于至善”的信念，从一名普通教师一步步成长为市级名师、校级干部，用“平凡”践行着对教育的初心坚守，用“执着”诠释着对教育的真心热爱，用“奋斗”书写着对教育的匠心追求。

曾先后获得“湖北五一劳动奖章”，入选荆楚名师名家工程优秀青年教师培养对象，获评“湖北青年教学能手”、宜昌名师、宜昌市e教能手、宜昌市小学数学学科优秀教师等荣誉。获第三届全国中小学青年教师教学竞赛小学组二等奖、湖北省第七届中小学青年教师教学竞赛小学组一等奖、新世纪小学数学第十六届基地教学设计与课堂展示“学会学习——发展学生‘量感’的学习方式探索”主题专场活动全国一等奖、湖北省微课大赛一等奖等。参与多项国家、省市级课题并顺利结题，发表多篇文章，在各类竞赛评比中获奖数十项。

巧于补白，披文入情

——《涉江采芙蓉》教学设计

武汉东湖新技术开发区教育发展研究院　袁海林

一、教材分析

《涉江采芙蓉》选自人教版高中语文教材必修二第二单元《诗三首》。本单元按照诗歌浪漫主义与现实主义两大文学传统的源流演变组织编排诗文，目的是让学生初步了解诗歌发展脉络，对诗歌传统形成理性认知，进一步培养学生诗歌鉴赏的能力。《诗三首》为汉末魏晋时期的经典之作，紧承现实主义文学传统。其中《涉江采芙蓉》选自东汉末年无名文人诗集《古诗十九首》，这部诗集作为五言诗的成熟标志，被刘勰《文心雕龙》赞为“五言之冠冕”，被钟嵘《诗品》赞为“惊心动魄，可谓几乎一字千金”，具有极高的艺术价值。

《古诗十九首》言浅情深，有着非凡的感发力量。但言浅有时也是一种鉴赏障碍，容易因其字面简单而被轻易贴上标签，难以移情共鸣，体味深透。而《涉江采芙蓉》又是其中短而又短的“闪电战”，看似简单，要将其中的悲剧美品味深透却并非易事。所以诗歌鉴赏策略在于短文长教，将纵向的文本挖掘与横向的拓展深化相结合，带领学生走进诗歌的美学世界，加深学生对于诗歌传统的理解。

二、学情分析

《涉江采芙蓉》的情感把握有两个层级，一是表层的游子思妇的离情，二是深层的普适性悲剧。从表层离情来看，高一的学生对此理解没有障碍，但因为时空、生活背景的隔阂，学生很难从简单的文字生发丰富的想象和联想，对离情的痛楚难以共情；从深层悲剧性来看，学生则缺少相应的历史背景、创作背景知识，对同题材同手法的诗歌储备不够，难以回到文化现场，进而深入把握其悲剧性。

对此，本教学设计首先带领学生通过丰富的想象补白，实现共情；继而以《涉江采芙蓉》为原点纵横拓展相应创作背景及相关诗歌，登堂入室，览幽探胜。

三、教学目标

1. 了解《古诗十九首》相关文学常识。
2. 赏析《涉江采芙蓉》的意境与情感、写法。
3. 结合相同题材的诗歌进行对比赏析。
4. 理解诗歌产生的社会背景，深入理解文人情感。

四、教学重点

赏析《涉江采芙蓉》一诗的意境、情感、写法。

五、教学难点

理解诗歌所蕴含的时代背景及情感。

六、教学具准备

教科书、PPT 课件、多媒体、翻页笔。

七、教学过程

情境导入：且听老师诉离情

“黯然销魂者，唯别而已矣。”离别是这个世界不停在上演的悲剧：与朋友别，“挥手自兹去，萧萧班马鸣”；与爱人别，“执手相看泪眼，竟无语凝噎”；与父母别，“临行密密缝，意恐迟迟归”；与儿女别，“眼枯即见骨，天地终无情”……古人云：“悲莫悲兮生别离，乐莫乐兮新相知”，在我们的生命中，一直饱蘸着离别的泪光。

【设计意图】

感人心魄者在乎情。如何让学生打破时空的隔阂，快速进入诗歌悲剧的情感体验中？诗意的情境导入是捷径。美的语言、美的腔调，带领学生静下来，沉进去。

而古人可能对离别比我们有着更深的理解，在那样一个交通、通信不发达的时代，时间与空间给他们带来了多么刻骨的思念，又给我们留下多么动人的诗篇。今天，我们一起来读一首写离别的短诗，体味这种离情惊人的悲剧美。

活动一：且由翻译辨主角

1. 老师美读全诗。

2. 翻译全诗。

提问：虽说诗文不提倡翻译，但如果文字不通，也会妨碍我们正确而深入地走进诗歌。请一位同学对照注解帮我们翻译一下整首诗。

【设计意图】

读诗当批文入情，拾级而上。《涉江采芙蓉》的留白之美要通过补白的方式加以还原。但补白有章法，要从句义的把握逐渐深入到字

明确：我渡过江去采芙蓉，生有兰草的沼泽地上有好多的芳草。我采了这些芳草要送给谁？我所思念的人正行走在远方的路上。我回头看我的故乡，长长的路无边无际。我们感情如此深厚，

却分隔两地，我们将忧伤地度过余生。

“遗”有“赠给”之意。“顾”有“回头看”之意。

3. 补充男女主角。

提问 1：那么从翻译来看，诗中的主角是什么人？

明确：游子、思妇。

提问 2：我发现大家把主人公一致翻译为“我”，其实，诗中每句话的主语都省略了，这样就带来了极大的模糊性、多义性，那么老师想请大家猜一下哪些是男主角的活动？哪些是女主角的活动？

明确：“涉江采芙蓉，兰泽多芳草。采之欲遗谁？所思在远道”是女主角的活动。“还顾望旧乡，长路漫浩浩”是男主角的活动。“同心而离居，忧伤以终老”是两人共同的心理活动。

也有可能前四句是游子的想象，五六句是思妇的想象。

也有可能是只有男主角或只有女主角，而其他的文字则为他们对爱人的想象猜测，这样虚实结合更能体现两地思念的情意，如杜甫《月夜》：“今夜鄜州月，闺中只独看。遥怜小儿女，未解忆长安。香雾云鬟湿，清辉玉臂寒。何时倚虚幌，双照泪痕干。”这首诗全写家中妻儿的活动，而这些全部来自作者的想象，作者以这种想象虚实的

里行间的充盈。此活动针对句义的把握，关键在于从句子语法的角度补充主语，从字面理解徐步缓行进而打开诗歌，感受诗歌虚实结合之美，为后面探讨其情感的包孕性奠定基础。

形式来表达思乡之情。

4. 分角色美读。

女生读前四句，男生读五、六句，七、八句男女生齐读。

活动二：且随想象入诗境

刚才同学们通过翻译，已经能够用自己的声音去传达你们所理解的忧伤，但这首诗看似小，实则是深情，言浅情深。那么这份忧伤究竟有多婉转深情呢？这时同学们跟老师来穿越一下，让我们回到东汉，当一回游子思妇。

1. 设想女主角。

提问 1：我们先一起设想一下思妇，讨论一下，女主角怀着什么样的心情去采芙蓉？江边的情景又是怎样的？女主角心里的情感有没有变化波折？

明确：她很孤独，思念远方的心上人，来江边排遣心情的。且江南也有采莲旧俗，《荷塘月色》里就有“采莲南塘秋，莲花过人头”的句子。

提问 2：那江边的情景又是怎样的呢？

明确：江边很热闹，女孩子、男孩子借着这个机会在采花相赠，互诉衷肠。

今人赠豪车、钻戒，古人则摘花折柳送人，这是古人的浪漫。南朝诗人陆凯曾有诗云“江南无所有，聊赠一枝春”，用梅花来传递思友之情。《古诗十九首》中亦有：“庭中有奇树，绿叶发华

【设计意图】

这个活动是补白的第二步，诗歌极为简练，字里行间的深情不易泡开，需要老师引导启发，带领学生深入想象人物的心理、言行，还原当时情境。这是品读诗歌的关键一环，需要教师具有审美共情能力，并能细致入微地引导学生进入共情状态，比如课堂上老师从背景环境、人物心理、行为表现各个角度进行启发设问，如“女主角怀着什么样的心情去采芙蓉、芙蓉是什么花、江边的情景又是怎样的、女主角心里的情感有没有变化波折”等，打破时空藩篱，

滋。攀条折其荣，将以遗所思。馨香盈怀袖，路远莫致之。此物何足贵，但感别经时。”该诗描写一位女子摘下美丽的枝条，却因为心上人在远方而无法送达，以至于呆立庭院之中，任花香漫延，任孤独漫延。

走进人物情感世界。

提问3：那么想象一下本诗女主角摘花前后的心理活动怎样？

明确：她的心情有变化，当她看到花草时，她忍不住去采摘，有那么一刻她是欣喜的，她可能想起了过去某个摘花送人的甜蜜时刻。但当女子采了花，欣喜地站起来，却发现自己没有赠送的人，她的心上人在遥远的他乡，于是她的心情一下又冷到了极点，她原本想要排遣的愁绪就更深了。这水边热闹的人群成了她孤独的映衬，“热闹是他们的，我什么也没有!”莲花无人可送，也意味着相思没有着落。

提问4：请同学们再读这几句诗，用我们的声音传达出这婉曲的情感。

明确：“涉江采芙蓉”句缓缓读，有欲摆脱之感；“兰泽多芳草”句声音上扬，读出淡淡的欣喜；“采之欲遗谁”有找寻之意，可配以动作；“所思在远道”，有很深的失落。

2. 设想男主角。

提问1：男主角为什么在路上，他为什么要望旧乡？望的结果是什么？心情有无变化？

明确：男主角有可能是去做官，可能是当兵戍边，有可能是为了谋生，有可能是因为遭到贬谪或战乱。

古人说“长歌可以当泣，远望可以当归”，他有可能是以远望当做归乡；他可能因为前途未卜而忍不住回望；也有可能只是为了告别吧。从后文来看，他好像回不来了，以这种方式告别。

提问2：真是让人伤感的告别，《古诗十九首》中有：“行行重行行，与君生别离。相去万余里，各在天一涯。道路阻且长，会面安可知。”后会无期，怎不沉痛！请男同学来读此句。

明确：“还顾望旧乡”句，读出搜寻之意，以及无限沉重之感。“长路漫浩浩”句读出痛苦、痛哭之感。

活动三：且借背景传悲情

1. 讨论古诗《古诗十九首》的背景及情感。

提问1：刚才我们感受了男女主人公深深的孤独与痛苦，请看最后两句“同心而离居，忧伤以终老”，请大家想想为什么会“忧伤终老”，去做官、戍边、谋生，总还是可以回来的，为什么他们就不能团圆呢？

明确：大家脑补了各种情节，很有意思，这也正是读诗歌的妙处。但诗歌是一种提纯后的精炼情感，它不等同于现实生活，我们不能以读小

【设计意图】

此活动在于突破情感理解的难点。在前面的活动中，学生对于诗歌游子思妇的别情已经有了立体深入的感知，但这只是此诗情感世界

说的猎奇心态去编造故事，而应回归本源寻找最合理的解释。

提问2：到底诗人在什么时代写下这首诗？知人论世必不可少。谁能否具体说说你对作品写作时代的了解吗？

明确：此诗选自《古诗十九首》，为东汉末年无名文人所作。东汉末年政治极为混乱、黑暗，下层百姓无辜无罪者死亡枕藉。曹操对此有诗云："白骨露于野，千里无鸡鸣。"而上层社会也不能把握自己的命运，像近东汉时期的阮籍，经常信马由缰地到处走，当识途的老马都找不到路时，他就会大哭而归。

提问3：所以读这两句，你读到什么情感？

明确：诗中的悲剧没有解药，我们不知道男女主角什么时候能见面，正如《边城》中所说："这个人也许明天就回来，也许永远不回来。""思悠悠，恨悠悠，恨到归时方始休"，这份恨因为时代、因为战乱、因为死亡、因为很多很多不可预料的因素重重叠叠，以致无穷。诗中充溢了悲剧感与绝望感。

2. 横向牵引《古诗十九首》中《行行重行行》，深入理解其悲剧意识。

要深入理解这种悲剧感，我们可以再读《古诗十九首》中《行行重行行》一诗：

的冰山一角，诗歌被誉为"《古诗十九首》的注脚"，指向的是整个时代的情绪。如何突破难点？抓住诗歌最后两句"同心而离居，忧伤以终老"的看似不合理之处进行提问，让学生思考分离总有相聚，而如此绝望的"生别离"定有其时代背景，由此引领学生"向青草更青处漫溯"，从作者的角度看到那个永远等不到的"她"或"他"寓意的丰富，进而领略到诗歌情感包孕的广度和深度。

〔出示课件 1〕

行行重行行，与君生别离。
相去万余里，各在天一涯。
道路阻且长，会面安可知。
胡马依北风，越鸟巢南枝。
相去日已远，衣带日已缓。
浮云蔽白日，游子不顾返。
思君令人老，岁月忽已晚。
弃捐勿复道，努力加餐饭。

诗中“生别离”一词尤觉悽惨。“同心而离居，忧伤以终老”，便是“生别离”，永远活在希望之中，又永远处在失望当中；远方的那个人就在那里，但却可望而不可即。

3. “她”或“他”寓意的泛化。

想知道《古诗十九首》的作者吗？曾有很多人作出过考证推测，如下：

〔出示课件 2〕

关于《古诗十九首》的作者和时代有多种说法，《昭明文选·杂诗·古诗十九首》题下注曾释之甚明：“并云古诗，盖不知作者。”曾有说法认为其中有枚乘、傅毅、曹植、王粲等人的创作，例如其中八首《玉台新咏》题为汉枚乘作，后人多疑其不确。

提问：由此可见，《古诗十九首》的作者可能不是普通文人，这些人不可能只是困在游子思妇的儿女情长之中，就像屈原的“香草美人”的传统一样，诗中那个可望而不可即的“他”或“她”也有象征寓托之妙，你们如何理解？

明确：远方的那个“她”或“他”可能是理想、追求。因为政治极为混乱，所以有抱负的人难以找到出路。可能是圣主明君，就像李白《长相思》中“美人如花隔云端”中的“美人”，是圣主的象征。也可能是清明太平的时代，也可能是已逝去的青春，或者说，一切不可触摸的美好，都是那个可望而不可即的“她”或“他”。

由此看，这种悲叹有更普适的意义，可以泛化理解。曾有人说，“同心而离居，忧伤以终老”两句，可谓《古诗十九首》之注脚，涵盖了几乎所有逐臣弃妇、朋友阔绝、游子他乡、死生新故之感。想想才高八斗的曹植，无路可走的阮籍，困兽犹斗的鲍照，追求的幻灭与沉沦、心灵的觉醒与痛苦交织于心，他们的悲凉有着更深刻的社会意义。

活动四：且写小诗抒己情

请同学们把你读这首诗的感觉融入自己的文字中，来写一首小诗，抒发女主角、男主角或者是旁观者的忧伤！

〔出示课件 3〕

以旁观者的身份——你站在开满芙蓉的河畔/泪光中的背影有着梦一般的真实/多想你转转身/让我擦干你眼角的绝望/你的忧伤像河水/蜿蜒成长长的叹息/叫我如何不心伤

以男主角的身份——梦，那么远/隔着妻子的泪光/老母的烛光/我行走在路上/梦，那么远/隔着城头变幻的旗子/战袍丛生的虱子/我行走在路上

生 1：以女主角的身份——你可知一朵花的思念/如此哀伤/花开的欣喜/花落的无望/只为那游子遥远的一望

生 2：以男主角的身份——梦，那么远/隔着妻子的泪光/老母的烛光/我行走在路上/梦，那么远/隔着城头变幻的旗子/战袍丛生的虱子/我行走在路上

总结：一份忧伤穿越了千年的风霜，让我们感受到离乱之人永恒的绝望，而我们的生活中还有那么多离别——离别童年，离别心爱的朋友，离别美好的一切。生命就是在这与一个个“她”或“他”离别的桥段中被书写，那就让我们在这忧伤的诗歌里学会珍惜，“不如怜取眼前人”，这是最好的解药。

【设计意图】

读写结合，用写作小诗的形式让学生的共情有一个出口，同时在教师范例的指导下跳出鉴赏层面，遣词造句，寻求美的表达。此活动在于学生习得成果的有形化，以有形的书写促进情感的再次共鸣。

板书设计

涉江采芙蓉
游子　　　　　思妇
忧伤
逐臣、弃妇、朋友、死生

八、设计思想

一往情深者，往往字面并无波澜，《涉江采芙蓉》就是如此。几个简单的细节，没有更多繁缛的泼墨，但无限感发的力量却蕴含其中。这首诗的难度恰好在于看似没有难度，似乎三言两语就能说透。如何引导学生去体味一首乱世哀歌中的悲剧美？像此类以少寓多、理解多元的诗歌怎样解读才能体现文本特点？这是课堂上要解决的难题。

追根溯源，欣赏诗歌总要入境、移情才能深味其美，这些都要以联想和想象为桥梁。而《涉江采芙蓉》的突出之处恰好在于其虚实结合的多元理解。本课以此为切入点，采用“补白法”，主要抓住诗歌的留白之处，引导学生着意揣摩，想象补充，拓展延伸，使诗歌丰盈的内涵展示出来。

（一）想象式补充，再现画面，入乎其内

想象还原画面，一者在于激趣，二者在于还原入境。整首诗是叙事诗，有故事有情节，能够激发学生的想象欲望；且以白描为主，略去了主语和绝大部分的心理活动，这又给学生留下了极大的想象画面的空间。所以，我从要求学生翻译开始，引导他们想象猜测每一句所属的男女主人公，让学生在填空式的补充里领略到诗歌虚实结合的传统之妙，感受虚写的痴情之美。这是打开想象大门的第一步。继而再细致入微地去揣摩补充诗中虚化的心理活动，比如：“女主角怀着什么样的心情去采芙蓉？芙蓉是什么花？江边的情

景又是怎样的？女主角心里的情感有没有变化波折？”“男主角为什么在路上，他为什么要望旧乡？怎么望的？望的结果是什么？心情有无变化？”游子思妇的形象在幽微情思的揣摩中逐渐走进学生的心灵，立体丰满起来。

（二）拓展式补充，泛化理解，出乎其外

正如钱锺书先生所说，“收缩并不妨碍延长”，而这首诗的外延在于其情感的包容性。诗中的“忧伤”基本可以看作《古诗十九首》的注脚，凝聚着浓重的时代悲剧感、绝望感，涵盖甚广。从某种意义上说，能够引起学生共鸣的正在于他们对于这种人生悲剧意识的解读，当他们能够感受到人生中与一切美好离别的不可遮挽、不可逆转时，他们就真正深入其诗，得其三昧了。这离不开知人论世，也离不开以《涉江采芙蓉》为原点，拓展辐射与之同时代、同情感的诗歌，以体现其包罗万象。我用“去做官、戍边、谋生，总还是可以回来的，为什么他们就不能团圆呢”一问激起学生对诗中人物境遇的猜想，自然引导到对《古诗十九首》写作背景及写作者身份的探讨上来，让学生在探讨中明白诗歌那打上时代烙印的绝望感，感受诗中那惊心动魄的悲剧美，明白那永恒悲剧的普适性。最后以写首小诗的形式将这份共鸣固化，出乎其外，从鉴赏美到创造美。

袁海林，武汉市东湖新技术开发区高中语文教研员，华中师范大学文学院校外导师。湖北省特级教师，“全国五一劳动奖章”“湖北五一劳动奖章”获得者，湖北省青年教学能手，湖北省高中语文优秀教师，荆州市专业技术拔尖人才，荆州市明星教师。曾荣获湖北省青年教师教学竞赛第一名，湖北省高中语文优质课竞赛一等奖，其他市、省、国家级课堂教学竞赛、展示一等奖10余次。在省级及以上刊物发表论文60余篇，获全国中语会论文评比一等奖。

教学主张：打造真实、理性、有趣的课堂。

托物言志有技巧　类文比读来解惑

——《一棵小桃树》教学设计

黄冈市浠水县思源实验初级中学　孙　哲

一、教材分析

《一棵小桃树》是部编版语文七年级下册第五单元的第二篇课文，是一篇自读课文。

刘勰在《文心雕龙》中说："登山则情满于山，观海则意溢于海。"王国维在《人间词话》中也说："以我观物，故物皆着我之色彩。"诗文中描写的景物往往浸透着作者的情感，闪烁着哲理的光彩，所以我们能够在山川溪泉中听见回荡的心声，在花草树木间发现人生的影子。本单元让我们走进自然，欣赏作家笔下的一草一木，感受课文中蕴含的丰富的人生哲理，激发对自然、社会、人生的关注和思考。

从阅读文本类型上看，本单元除了《外国诗二首》和《古代诗歌五首》外，《紫藤萝瀑布》和《一棵小桃树》均属于现代文阅读文本，并且两篇文章都是属于托物言志类散文。因此，本单元现代文阅读教学中，除了引导学生"体会如何运用生动的语言来写景状物"外，应在大单元设计中重点落实"学习托物言志的手法"和"运用比较的阅读方法，感受作品的异同，加深对课文的理解"这两个语文要素。单元设计时，还应关注教材编排中《紫藤萝瀑布》是一篇教读课文，《一棵小桃树》是一篇自读课文，如何借助"三位一体"的教学体制，进行有效的阅读策略指导，是"用好教材"的关键。

“凡优秀的散文几乎都是充分地写好作家本人的身世感，写自己的行为举止，写自己的生活处境，真实地表现自己丰富的内心世界，这也是文学创作中以小见大的原则在散文写作中的具体体现。”确实，散文是从作者心里倾流出的人生真味。莫言先生认为在描写物体或者事物时，一定要写出自己对这个物体或者事物的独特感受。贾平凹先生也说散文要创造出一种意境，让自然景色和人的感情交融一体。《一棵小桃树》是贾平凹的散文代表作之一，也是最能表现他的真情的著作之一。这棵小桃树，是作者情感的载体，也是作者心路历程的象征，物微而情深。

作者运用极富个性化的语言来描述这棵小桃树的生长经历，寄寓自己的情思。小桃树的种子是奶奶从集市上带回的极普通的桃子的核，被我种在了院子的角落里；它长得“委屈”又“猥琐”，风雨之中也只能“哆嗦”“挣扎”，被喜欢养花草的爷爷嫌弃，被猪拱过，差点被家里人砍掉：它是普通的，是卑微的。但同时它又是幸运的：种下的是“我”儿时的梦，有奶奶一直护着它。奶奶护着小桃树，就像是护着坎坷成长的“我”。

“我”就隐藏在小桃树之中。小桃树的丑陋、孤单、不受重视，正对应着作者的童年、少年经历。他在《贾平凹性格心理调查表》一文中写道：“我出生在一个 22 口人的大家庭里，自幼便没有得到什么宠爱。长大体质差，在家里干活不行，遭大人唾骂；在校上体育，争不到篮球，所以便孤独了，欢喜躲开人，到一个幽静的地方坐地。愈是躲人，愈不被人重视，愈要躲人，恶性循环，如此而已。”文中又写道：“就在这年里，我到城里上学去了。”这样一位乡里娃，“也有了血气方刚的魂魄”，“要轰轰烈烈地干一番我自己的事业了”，可后来“脾气一天一天地坏了”，心境也慢慢变为“垂垂暮老”了，为什么“我”会有这样的变化呢？从文中我们隐隐约约能感受到现实带给作者的巨大打击，“人世原来有人世的大书，我却连第一行文字还读不懂呢”。理想的丰满，现实的骨感，巨大反差，与小桃树何其相似？

“我”失魂落魄地回到家中的，精神上的冲击与奶奶的去世，让“我”“不觉眼泪流了下来，对着灵堂哭了一场”。而当“我”抬起头，看到那被遗忘的小桃树，“却千百次地俯下身子，又千百次挣扎起来”，风雨之后，那树的顶端，竟还有一个欲放的花苞。这一幕，在此时作者的心里，引起了怎样的震颤？“我”的小桃树，它在无声地告诉“我”，一颗奋斗不屈的心，就是风浪里航道上的指示灯，纵使饱尝社会冷暖，历经人世沧桑，千帆归来仍是少年。

阅读托物言志类的文章，一定要把握好“物”与“我”的内在联系。在这篇文章中，小桃树的成长经历构成了全文的一条明线，而“我”的成长经历则成为全文的一条暗线，明暗交织，虚实相映。作者有意将小桃树人格化，不同时期的小桃树，就是不同时期的自己。小桃树似“我”，“我”似小桃树，“我”爱着我的小桃树，小桃树给予“我”生命的启迪与智慧，小桃树渗入“我”的情思、哲理，“我”则有了小桃树的秉性，物我相融，含蓄隽永。

作者采用托物言志的方式来抒发自己的情感，正是中国文学精妙之所在，太过直白的情感抒发，反而不如含蓄表达之美。一如李白用“孤帆远影碧空尽，唯见长江天际流”来抒写离思萦怀、别意深长的送别；又如贺知章用“儿童相见不相识，笑问客从何处来”蕴藏半生漂泊、人世无常的感慨。贾平凹本意要写自己的艰难成长，自己不被理解的孤独，自己的顽强抗争与执着追求，如果直接去写，就会变成诉苦水的絮叨，从而失去朦胧的美感、含蓄的意境，很难引起读者的共鸣。作者借助小桃树，寄情于物，层层铺垫，反复渲染，便使文章有了情味，抽象的情感有了具体的载体，这样读者欣赏到的便不再是个体，而是生命。小桃树、我，都在时间的长河里，用各异的形态，圆满着各自的生命。

本单元的第一篇教读课文《紫藤萝瀑布》在写法上也有异曲同工之妙。学生初中阶段初次接触托物言志类散文，在大单元教学设计中，可通过创设真实情境，建立语文学习、社会生活和学生经验之间的关联，增强学生学语文、用语文的意识，引导学生运用比读的方法探究此类文本的阅读策略，让学生在获得精神陶冶的同时提升文本阅读的能力，激发学生探究问题、解决问题的兴趣和热情。

二、学情分析

本文的学习主体是七年级学生，这个年龄段的学生感性大于理性，形象思维大于抽象思维。课堂上，仍保留着小学时积极互动的习惯，也有部分学生经过半年的初中学习，思考比较有深度。特别是对于这类情感表达比较含蓄的文章，会有意识地思考作者所想表达的真实情感或对人生的感悟。但因为年龄小，生活阅历不够丰富，对生命、社会、人生的感悟也还不够深刻，单纯阅读文本很难读懂作者之“志”，因此课前预习课文时，学生自主完成“知人论世”就显得尤为重要。

从知识储备角度来看，小学六年级下学期第四单元，学生曾学习过《马诗》《石灰吟》《竹石》等三首诗歌，所以对于“托物言志”这种手法并不陌生。但是现代文阅读中“托物言志”手法的运用毕竟与诗歌还是有差别，作为现代文阅读教学，借助本单元的两篇托物言志散文初探阅读策略就成了这个单元教学的重点。对于七年级下学期的学生而言，有了七年级上学期的学习积累，结合旁批完成《一棵小桃树》的文本自读难度并不大，但对阅读策略的探究就不能单靠个人完成，需借助团队合作的力量，在对比《紫藤萝瀑布》的写法异同点的基础上完成。

需要注意的是，初中阶段与小学阶段相比，学习任务、学习难度都有明显提升，还需要肩负起在未来的人生中对学习保持长久热度的艰巨使命。语文学科，作为一门与日常生活关联非常紧密的学科，学习的根本目的也不只是知识的积累，还应有意识引导学生用所学习知识去解决生活中的实际问题。因此，在初中的起始年级，更应注重课堂教学中生活情境的创设，激发学生主动参与、主动思考、合作解决问题的意识。单元设计和本课的学习目标，在落实过程中很容易偏向人文性而忽略工具性，应充分结合学生学习生活情境，让学生在主动学习的过程中，关注社会人生，掌握学习方法，养成善于思考的思维品质，为八年级学习说明性、议论性文本打好基础。

三、学习目标

1. 自读课文，了解“我”和小桃树的成长历程，进一步理解托物言志手法的特点。

2. 通过比较阅读，探究托物言志类散文阅读策略。

3. 学会用托物言志的手法解决实际生活中的问题。

四、学习重点

1. 自读课文，了解“我”和小桃树的成长历程，进一步理解托物言志手法的特点。

2. 通过比较阅读，探究托物言志类散文阅读策略。

五、学习难点

学会用托物言志的手法解决实际生活中的问题。

六、课前准备

1. 教师整理学生搜集到的托物言志诗歌，并整理学生学习《紫藤萝瀑布》一课后反馈的学习困惑。

2. 学生借助互联网自主查询本文作者及相关时代背景资料。

3. 教师制作 PPT 课件。

七、教学过程

（一）课堂活动

1. **导入明“法”**

(1) 师：上节课，我们学习了本单元第一篇课文《紫藤萝瀑布》，课外布置同学们去搜集同样运用了托物言志手法的小诗。同学们分享得最多的就是小学时学过的《竹石》和《石灰吟》这两首，我们一起来复习一下吧！

竹　石

［清］郑　燮

咬定青山不放松，立根原在破岩中。

千磨万击还坚劲，任尔东西南北风。

石灰吟

［明］于　谦

千锤万凿出深山，烈火焚烧若等闲。

粉骨碎身浑不怕，要留清白在人间。

男女生各读一首。

师：请一位同学带着我们一起再一次复习托物言志这种手法的特点吧。

生：托物言志这种手法往往是作者把自己的志向或意愿，寄托在对景物或物品的描写和叙述之中的一种表现手法。

(2) 师：【情境创设一】学习完本单元第一篇

【设计意图】

朗读作业中学生分享的两首古诗，承接上节课同类文的学习，也能再一次唤起学生对托物言志手法已有的认知，为本节课探究托物言志类散文阅读策略张本；创设情境，让学生在真实的生活环境中明确学习目标，激发主动思考和解决问题的意识。

课文《紫藤萝瀑布》后，课代表小胡同学发现，阅读托物言志类的散文似乎是有规律可循的，他希望通过今天对同类散文——《一棵小桃树》的学习，借助大家的力量，共同探寻托物言志类散文的阅读策略。一起行动起来吧！

2. **任务一：自读寻“法”**

师：请同学们借助本课第 109 页的旁批“寻常的情景，不寻常的情感”，自主学习这篇课文(PPT 展示)。

阅读闯关：

★“寻常的‘景’”具体指的是什么？勾画出描写这个景物的相关语句，把握景物的特征。

★★“不寻常的情感”在文章中是如何描写的？“不寻常”表现在何处？

★★★托物言志手法在本文中是如何运用的？

生借助旁批，完成自读后，交流分享。

预设：

★生 1：这是一株特别瘦弱/很丑/长得不健康/不自然的小桃树，因为“它长得很委屈，是弯了头，紧抱着身子的。第二天才舒开身来，瘦瘦的，黄黄的，似乎一碰，便立即会断了去”。/因为它的花“开得太白了，太淡了，那瓣片儿单薄

【设计意图】

自读课需充分利用好课文旁批，搭建学生与文本之间通意的桥梁，引导学生深入思考。在此基础上，适时链接关于作者经历的材料，学生会更深入地体会到作者与小桃树之间不同寻常的情感。

得似纸做的，没有肉的感觉，没有粉的感觉，像是患了重病的少女，苍白白的脸，又偏苦涩涩的笑着”。

生2：这是一株不被常人发现、理解而又备受摧残的可怜的小桃树，因为它长在院子的角落里/“在雨里哆嗦”/被猪拱折过/还因为它长得不是地方，差点儿被家人砍掉/“从未有一只蜜蜂去恋过它，一只蝴蝶去飞过它”。

生3：这是一株坚强不屈的小桃树，因为它“秋天过去了……角落的地方，拱出一点嫩绿儿，它竟从土里长出来了!”/在风雨中“我的小桃树千百次地俯下身去，又千百次地挣扎起来”/“树的顶端，高高的一枝儿上，竟还保留着一个欲绽的花苞，嫩黄的，嫩红的，在风中摇着……却没有掉下去，像风浪里航道上的指示灯，闪着时隐时现的嫩黄的光”。

（相机板书：埋在角落—委屈—花骨朵）

★★生1：(7、8自然段为主）“我”出生在偏僻落后的山村，从小有梦想—离家出山，进城读书，感到自己渺小，但想干一番事业—长大成人后，方知人世复杂、社会复杂，感到自己太幼稚、太天真了，遭受种种磨难—像小桃树一样，“我”心里“到底还有一朵花呢”，对理想对幸福的追求更加坚定了。

（相机板书：山村—读不懂—干一番事业）

生2："不寻常"表现为树长在小角落里，就像我原本在山村一样；树长得委屈，就像我遇到了挫折；在风雨过后，小桃树留下了一个花骨朵儿，我也坚定了想要去干一番事业的信念，感觉小桃树就是我，我就是小桃树。

★★★生1：我发现了文中抒情的句子，就是作者要言的"志"。"我亲爱的，你那花是会开得美的，而且会孕出一个桃儿来的；我还叫你是我的梦的精灵，对吗?"

生2：《紫藤萝瀑布》一文中，我们也学习过散文中托物言志手法的运用。仅凭课文中对"小桃树"的描写和文中很隐晦的自身经历的语言，是不容易读懂作者的"志"的，我们还需要知人论世。课前老师布置了自行查找作者的生平的作业，我搜集到了这样一些资料与大家分享。

贾平凹，原名贾平娃，中国当代作家。生于陕西的一个偏僻落后的小山村。父亲是乡村教师，母亲是农民。初二时遭遇了"文化大革命"，父亲被关进牛棚，这个十四岁的少年内心充满恐慌。成年后步入社会也遭受到了挫折，自卑、瘦弱、渺小，饱受风雨的摧残。

师提前准备资料支架，相机PPT展示：

微课堂·作者简介1

“我出生在一个22口人的大家庭里，自幼便没有得到什么宠爱。长大体质差，在家里干活不行，遭大人唾骂；在校上体育，争不到篮球，所以便孤独了，欢喜躲开人，到一个幽静的地方坐地。愈是躲人，愈不被人重视，愈要躲人，恶性循环，如此而已。”“从山沟走到西安，一看见高大的金碧辉煌的钟楼，我几乎要吓昏了。街道这么宽，车子那么密，我不敢过马路……”

——《贾平凹性格心理调查表》

微课堂·作者简介2

贾平凹在大学中文系读书时，开始进行文学创作，他连连在校报上发表诗作，并逐步将作品投向社会上的大小报刊，尽管那时他收到的退稿单比稿费单要多得多，但他毫不气馁，一如既往地看书、写作、投稿，终于获得成功。20年来，他以一枝灵秀之笔，写下了七八百万字的作品，出版了六七十部著作，数十次获得国内外各种文学奖。

生3：对比作者的人生经历，我想他所取得的成就里，小桃树功不可没！

3. **任务二：比读探“法”**

师：仔细对比，想一想，本文与《紫藤萝瀑布》在写法上有什么相同之处？小胡同学课前所思考的托物言志类散文阅读策略又是怎样的呢？

生1：都运用了托物言志的手法。

生2：与小学时学习的写景状物类散文不同，这两篇文章中都有作者的人生经历在其中，而且都表达了自己对于人生的思考，也就是作者的“志”。

生3：在阅读托物言志类的散文时一定要知人论世，找到“物”与“我”的关联点。

…………

小胡：感谢同学们各抒已见，我感觉阅读策略清晰了许多，我们来总结一下托物言志类散文“三步阅读法”：

读描写句，知托何物明特点

读叙述句，由物及人会联想

读抒情句，知言何志明主旨

【设计意图】

2022年版语文课标要求，初中阶段阅读文本需“能聚焦活动过程中发现的问题，围绕问题搜集资料、梳理信息、整理他人的观点与认识，概括提炼他人解决问题的方法与策略，用以解决自己的问题；能记录探究过程，归纳概括自己的发现，条理清晰地呈现问题解决的过程，并汇集学习成果”。

4. **拓展固“法”**

【情境创设二】小北同学在刚刚进行的期中测试中发挥失常，心情非常低落。同学们，可以运用本单元所学习的托物言志的手法劝说　下他吗？

预设：小北，我知道你非常希望自己的付出能有收获，希望在考试中取得优异的成绩。但人生中，前进的道路从来就是布满荆棘的，小桃树

【设计意图】

学习，不在于单纯地积累知识，而应重在用所学知识解决实际生活中的问题。七年级的学生，正处于理性思维培养的关键时期，借助真

在风雨中不断地被摧折，又一次次站起来，就像我们面对考试失利也要勇敢面对一样。请记住：不经历风雨，怎能见彩虹！让我们一起为梦想继续加油吧！

实而又合理的情境，运用所学理性思考，劝说他人的过程中，不断实现素养提升，人生蝶变。

（二）板书设计

一棵小桃树

贾平凹

树：埋在角落——委屈——花骨朵　　托物

"我"：山村——读不懂——干一番事业　　言志

（三）作业布置

运用"三步阅读法"，阅读贾平凹散文《访兰》。

【设计意图】

学以致用，将课堂所学阅读策略有效延伸至课外，更好落实"三位一体"教学体制。

八、设计思想

1. 叶圣陶先生说："我们在学校里受教育，目的在养成习惯，增强能力。"作为语文学科，一定要养成广泛阅读的习惯，并且要"能分析作品表现手法的作用；能从作品中找出值得借鉴的地方，对照他人的语言表达反思自己的语言实践；能通过对阅读过程的梳理、反思，总结不同类型文学作品的阅读经验和方法；能与他人分享自己获得的对自然、社会、人生的有益启示，能借鉴他人的经验调整自己的表达，能根据需要，运用积累的语言进行口头或书面表达"。

2. 教师应充分认识语文课程工具性与人文性是统一的，注意在识字与写字、阅读与鉴赏、表达与交流、梳理与探究的过程中，整体提升学生的核心素养。引导学生在学习语言文字运用的过程中，逐步树立正确的世界观、人生观、价值观。

3. 语文学习要创设真实而富有意义的学习情境，凸显语文学习的实践性。教师应利用无时不有、无处不在的语文学习资源与实践机会，引导学生关注家庭生活、校园生活、社会生活等，增强在各种场合学语文、用语文的意识，建设开放的语文学习空间，激发学生探究问题、解决问题的兴趣和热情，引导学生在多样的日常生活场景和社会实践活动中学习运用语言文字。

孙哲，湖北省黄冈市浠水县思源实验初级中学语文教师，劳模创新工作室主持人。中共浠水县第十四届党代表，黄冈市教育科研学术带头人，黄冈市骨干教师，黄冈市全民阅读活动推广人，湖北省陈水明名师工作室核心成员、特聘导师，“黄冈五一劳动奖章”“湖北五一劳动奖章”获得者。

从教 20 年，多次代表浠水县参加市级讲课、说课均获一等奖。2019 年，继获“青教赛”中学语文组市级一等奖第一名后，又夺得省级一等奖第一名，并代表湖北省初中语文组参加第二届全国“青教赛”获二等奖。

工作之余，充分发挥自己主持、朗诵、演讲等特长，担任省市县各级节目主持，多次代表县多家单位参加县、市级演讲比赛均获一等奖第一名。其中，演讲《薪火相传　书香追远》成为黄冈市“‘4·23’全民阅读推广活动”保留节目。

仰望天上街市，点亮想象明星

——《天上的街市》教学设计

襄阳市襄州区第七中学　周虞姣

一、教材分析

《天上的街市》是部编版语文七年级上册第六单元的一篇讲读课文，这个单元课文共同的特点是通过虚构的人物、情节，形象曲折地反映现实，想象丰富奇特，引人遐思。这些富于想象力的文本，可以激发学生的阅读兴趣，培养联想、想象的能力，引导学生憎恶假丑恶，向往真善美。本单元的教学重点之一，就是通过这些富于想象力的故事，激发学生的阅读兴趣，培养联想、想象的能力。

《天上的街市》这首诗歌中作者郭沫若展开丰富的想象，由现实中的街灯联想到天上的明星，再由天上的明星联想到街灯，进而联想到天上的街市，想象天上街市里的美丽事物和过着幸福生活的牛郎织女。通过丰富的联想和想象，描绘了美妙的天街景象，抒发了诗人对美好生活的向往，对理想世界的追求。

《义务教育语文课程标准（2022年版）》（以下简称“新课标”）中特别强调立足学生核心素养发展，充分发挥语文课程育人功能。我们要引导学生吸收优秀文化成果，提升思想文化修养，建立文化自信。《天上的街市》是中国现代诗歌中的优秀代表，它体现了郭沫若诗歌艺术的发展和进步，它没有西洋化的倾向，而具有鲜明的民族化特色；它运用的典故，也是中国传统的牛郎织女的神话传说，格调恬静、含蓄，很有东方艺术的神韵，可谓是东方诗歌艺术中的精品。欣赏这类优秀作品有利于增强学生的审美能力和文化自信。

这首诗歌诞生在20世纪20年代初期，“五四”高潮已过，大革命时代尚未到来，社会的动荡让诗人心生彷徨，却以美好的想象表达人民的憧憬和自己对光明未来的讴歌。那种身陷黑暗却仍眼望光明的勇气对当代学生仍具有很强的教育意义。

新课标要求“文学阅读与创意表达”，这一任务群“旨在引导学生在语文实践活动中，通过整体感知、联想想象，感受文学语言和形象的独特魅力，获得个性化的审美体验”。而第六单元所选篇目很适合这一任务群的建立，作为本单元第一篇诗歌，更应发挥其引导示范作用。郭沫若在家信中曾提出新诗创作的几条原则：一、要有真实的感触。二、表现力求真切。三、要用自己的话，避免套语。四、用韵要自然。五、要有新的创造，“使自家的诗之生命是一个新鲜鲜的产物”。六、诗的内在组织要严密。七、要含蓄，有余韵。依此创作原则，我们可以读出《天上的街市》的四个特点：音韵和谐自然、用词准确传神、写法巧妙严密、情感真挚积极。且本诗结构精巧浑成、匠心卓异。街灯与星星都远远地在夜色中放明，视觉感受极相近似，诗人由此落笔，把地上、天上融成一片，进而放纵想象于星空。十分自然，语言平易、亲切。“好像”“我想”“你看”……如同对最亲近的朋友娓娓而谈，在不知不觉中牵动着读者的视线和思绪，使之和诗人一起去仰首星空，观赏奇景，驰骋想象。带领学生欣赏诗歌，有利于增强学生联想和想象能力的同时感受语言的独特魅力。在教学中加以适当引导更会激发学生表达自己独特体验与思考，尝试创作的热情。

二、学情分析

首先，七年级的学生正处于发展独立思维的重要阶段，他们的主动性和求知欲都已大大提高，不再喜欢被动地接受知识，但是自主、合作、探究学习的能力有待于培养。

其次，本篇课文是七年级学生进入初中后的第一首现代诗歌，学生对现代诗歌的理解和赏析比较陌生，看问题不够全面，阅读停留于表面，不能结合时代背景进行深层理解。因此老师应当重点引导学生结合时代背景体会诗歌表达的思想情感，并培养学生的联想和想象的能力。

再次，学生诗歌朗读形式仅仅停留在声音洪亮和吐字清晰的层面，因此教师需要注意引导学生感受现代诗歌的节奏，富有感情的朗读。

最后，很多学生从未尝试过现代诗歌的创作，如果直接要求学生进行自主创作，难度太高，很多学生会无从下笔，或是对自己的作品没有信心而羞于展示。因此仿写成为很好的教学抓手，结合七年级上学期仍处于小初衔接过渡的重要阶段，激发学生的创作热情和兴趣更为重要。教师可以采用片段式仿写、填空式仿写等方式，在诗歌创作环节让学生循序渐进。

根据学生学情对本课学习设计合理的导学案，能够帮助学生在课前预习时更加有的放矢。

《天上的街市》(导学案)

(一) 查阅

1. 我能查资料，了解作者、作品。

作者简介：郭沫若（1892—1978)，原名________，号________，沫若是笔名，四川乐山人，现代诗人、学者。1921 年，出版第一本诗集《________》，成为中国新诗的奠基人。一生主要文学著作有：诗集《女神》《星空》《瓶》《前茅》等；散文《我的幼年》 《创造十年》等；戏剧《________》《________》《________》等；另有

【设计意图】

引导学生对作家作品有一个初步了解，更有助于帮助学生在课堂学习中深入的理解内容。

《沫若诗词选》及翻译歌德的《浮士德》等。

《天上的街市》选自诗人第二部诗集《________》。1921—1923 年，郭沫若三次从日本回国。这时，“________”运动高潮已过，中国正处于________时期。

2. 我能查字典，填写拼音字形。

缥缈（　　）　　隔着（　　）

定然（　　）　　闲 yóu（　　）

陈 liè（　　）　　灯 lóng（　　）

3. 我能做积累，理解词语含义。

缥缈：________________________________。

不甚：________________________________。

【设计意图】

引导学生对课文有初步的认识，提前排除字词障碍，便于朗读，也可作为了解学生生字词掌握情况的依据。

（二）收集（二选一）

4. 收集关于牛郎织女的诗句。

5. 能够讲述牛郎织女的故事。

【设计意图】

引导学生拓展阅读，丰富知识储备，为课堂知识勾连做准备。

（三）朗读

6. 自由朗读诗歌，尝试划分节奏。

【设计意图】

初步的朗读，感受现代诗歌与古诗词的节奏区别。

三、教学目标

1. 有感情地朗读并背诵这首诗。

2. 理解诗中联想和想象的作用，初步培养联想和想象的能力。

3. 领会诗中情感和作者表达的思想。

四、教学重点

理解诗中联想和想象的作用，领会诗中情感及作者表达的思想。

五、教学难点

培养学生联想和想象的能力。

六、教具准备

导学案、PPT 课件、彩色粉笔（三种颜色）。

七、教学过程

（一）课堂实录

1. 引诗人风采，导入街市

(1) 导入。

师：有这样一位诗人，他不仅用眼睛眺望夜空，而且以自己的心灵感受夜空。在他的笔下，夜晚的星空是那样地美丽惊艳，那样地沁人心脾。他在诗歌《星空》中吟唱道：“美哉！美哉！永恒不易的天球，竟有如许变换！美哉！美哉！我醉后一枕黑酣，天机却永恒在转！”同学们知道他是谁吗？

生：郭沫若。

师：那么，今天就让我们一起走进郭沫若的诗歌《天上的街市》，去看看他为我们描绘了一个怎样的夜空！（显示课题《天上的街市》）

【设计意图】

用郭沫若在诗歌《星空》中的优美诗句让学生感受作者对星空的热爱，以诗引诗，导入新课《天上的街市》。

2. 听书声琅琅，走进街市

(2) 听读。

师：先请同学们听老师朗读诗歌，边听边思

【设计意图】

教师示范朗读，学生带着问题听读。在听

考诗中写了哪些事物？

（教师播放配乐并示范朗读）

生：我认为诗中写了街灯、明星、天上的街市、天河这些事物。

生：还写了天上街市陈列的奇珍异宝，还有人物牛郎织女。

（教师根据学生回答进行板书：街灯、明星、街市、牛郎织女、天河）

（3）朗读。

师：你们真是一群善于倾听的孩子，那么接下来，请带着你对这首诗的初步理解自由朗读，注意读准字音和节奏。我们一会儿比一比，看谁读得好！（教师请两位同学分别朗读诗歌的1、2小节和3、4小节）

（生朗读诗歌）

师：请同学评价一下他们的朗读。

生：他们的朗读字音准确、节奏分明，很值得我学习。

师：看来你是一个很善于聆听和学习的孩子。两位同学的朗读都读准了字音和节奏，可能由于紧张，朗诵1、2小节的同学声音略小，老师相信你在接下来回答问题或是朗诵之时会更加大胆地展现自己，亮出你甜美的声音！

请大家注意“缥缈”一词的读音，参考大屏幕上显示的诗歌节奏，一起放声朗读诗歌！

读过程中初步感知诗歌所描绘的主要事物，并明确哪些事物是实写，是真实存在的。哪些事物是虚写，是作者幻想出来的。

【设计意图】

有了示范朗读和对诗歌的初步感知，更有利于学生自由朗读时读准字音和节奏，及初步的情感把握。以赛读的方式进行朗读展示，分段展示朗读的同时生生互评，相互学习、相互促进，充分体现学生的主体地位。

远远的/街灯/明了 好像/闪着/无数的/明星 天上的/明星/现了 好像/点着/无数的/街灯	你看，那浅浅的/天河 定然是/不甚/宽广 那/隔着河的/牛郎/织女 定能够/骑着牛儿/来往
我想那/缥缈的/空中 定然有/美丽的/街市 街市上/陈列的/一些/物品 定然是/世上/没有的/珍奇	我想/他们/此刻 定然在/天街/闲游 不信，/请看/那朵流星 是他们/提着/灯笼在走

3. **展联想想象，描绘街市**

(4) 描述。

师：同学们在朗读这首诗时，脑袋中会出现几幅画面？请描述一下。

生：我的脑海中出现的第一幅图画是诗歌的第1小节，地上有一排排明亮的街灯散发着暖橘色的光晕，天上有无数星星闪闪发光。我站在街道边看着道路两旁的街灯，又抬头仰望星空，灯光和星光都映在我的眼中，就好像星星是天上的灯光，那么天上一定有一个繁华的街市，才会亮起无数的街灯。

师：你的描述形象生动，让老师也恍若置身其间。我们可以将这样一幅画面概括为：①街灯与明星相映图。

生：我脑海中画面感最强的是诗歌的第2小节。我望向遥远的夜空，看着闪耀的群星幻想着天空中每一颗星星都是天上街市上的灯光，那街市一定非常地热闹繁华，街市两边有很多的店铺，店铺里摆满了奇珍异宝，琳琅满目的商品也散发

【设计意图】

通过多种形式的朗读之后，学生对诗歌的内容有了进一步了解，让他们将诗歌内容概括为三幅画面，理清思路的同时增进对诗歌的整体感知，更突显出诗歌的画面美。

着微微的柔光。

师：这样繁华美丽的街市一定让人目不暇接、流连忘返！我们可以将这位同学描述的画面概括为：②天上街市繁华图。

生：我描绘一下第 3 小节的画面。我跟随作者一起飞往了天上的银河，原以为天河会有滔滔巨浪，入眼却是潺潺细流，河水很浅。一头老水牛背着牛郎缓缓走过银河，他们接上河对岸的织女准备一起去街市购物。

师：这位同学的描述很有趣，你是怎么知道他们要去街市的呢？

生：因为第 4 小节有写到，牛郎和织女现在正在天上的街市闲游，他们手提着灯笼在天街闲游。

师：是啊，他们手上的灯笼不就是我们所看到的流星嘛。所以我们可以将诗歌的 3、4 两小节一起概括为：③牛郎织女的生活图。

（5）思考。

师：同学们的描绘也将老师带入了这个奇幻的街市，诗人是用什么方法将这些原本没有太多关联的事物巧妙地融合成了这样一幅美丽的图景的？

生："街灯"和"明星"很像，都很明亮，所以作者由地上的街灯联想到了天上的明星。

师：抓住关键词——联想（**板书：将"街灯"**

【设计意图】

引发思考：诗人是用什么方法将这些原本没有太多关联的事物巧妙地融合成了这样美丽的图景的？引导学生明确本课难点知识：联想和想象。同时板书连线和“明星”连线)。“明星”是天上的街灯，有街灯就会有“天上的街市”。由街灯到街市也运用了什么手法呢?

生：联想。

师：(板书：联想)“天上的街市”是真实存在的吗?街市上的繁华美景都是作者的什么呀?

生：想象。(教师板书：想象)

师：除了“天上街市”的场景，还有哪些也属于作者的想象呢?

生：天河、牛郎织女。(教师板书：将“街市”“天河”“牛郎织女”连线)

师：于是我们知道了，将这些事物连接起来的有两条线，一条叫作“联想”，一条叫作“想象”。同学们，当我们把联想与想象相结合，便会出现神奇的事情。请展开你的联想和想象，看看这是什么?(展示板书如下图)

生：魔法棒!

师：对了，这就是老师这节课上想送给你们的礼物——一支神奇的魔法棒!作者正是用这支魔法棒绘制出如此美丽的天街画卷。

成画，突出联想和想象的神奇作用。

4. 探悲喜变化，感悟街市

(6) 分享。

师：这幅画卷中的主角是谁呢？

生：牛郎织女！

师：相信同学们都了解他们凄美的爱情故事，古人的诗中也常出现他们的身影，请善于预习的同学为我们分享相关诗句。

生：李商隐的《七夕》“鸾扇斜分凤幄开，星桥横过鹊飞回”；杜牧的《秋夕》“天阶夜色凉如水，卧看牵牛织女星”；《古诗十九首》的“迢迢牵牛星，皎皎河汉女”；孟郊的《古意》“河边织女星，河畔牵牛郎”。

师：这位同学不仅善于积累，更善于利用课本中的拓展提示，值得我们学习。“天阶夜色凉如水，卧看牵牛织女星”，从这些诗句中不难看出他们自古以来就带有悲剧色彩。（板书：悲凄）那《天上的街市》中他们的故事也一样是悲剧吗？

【设计意图】

通过分享“牛郎织女”的故事和诗句，总结出牛郎织女总带着悲剧色彩，是夫妻、恋人分离的象征，感受诗人以丰富的想象改写悲剧的新颖形式，并由此引出探讨话题。

(7) 探讨。

师：请同学们自读诗歌，小组交流探讨。诗中的牛郎织女过着怎样的生活？你从哪里看出来的？

参考句式：诗中“________（字词、句子）表现了牛郎织女的生活________”。

生：①“世上没有的珍奇”表现了牛郎织女的生活很富足。（师指导朗读：重读“坚定”。）

【设计意图】

“诗中的牛郎织女过着怎样的生活？你从哪里看出来的？”这一主要问题的设置，意在引导学生在朗读和独自思考的基础上通过小组交流合作，抓住诗歌中关键

②“闲游”表现了牛郎织女的生活很自在、舒适、幸福。(**师指导朗读：注意此处节奏放慢，表现其悠闲。**)

③“浅浅的”表现了牛郎织女的生活很自由。(**师指导朗读：请同学们带上微笑的表情，读出其中的快乐感。**)

④“那朵流星”中，“朵”字常用于花，花是美好的象征，把流星比作花，表现了牛郎织女的生活像花朵一样美好。(**师指导朗读：注意使用肢体语言，节奏放慢，突出快乐情感。**)

(教师板书：幸福)

(8) 感悟。

师：诗人对天上生活的描绘与我们知道的民间故事截然不同。他为什么要将悲伤的故事变得如此幸福美好呢？其中寄托着诗人怎样的情思？

要想真正的感悟作者的情感，还需要去了解写作背景，请一位同学为我们介绍一下写作背景，其他同学结合他的介绍认真思考。

生：1921—1923 年，郭沫若三次从日本回国。这时，“五四”运动高潮已过，中国正处于军阀混战时期。面对半殖民地半封建社会那“冷酷如铁！黑暗如漆！腥秽如血！”的黑暗现实，郭沫若感到极大的愤怒，苦闷感伤，但他并没有悲观失望，依然不倦地探索和追求。于是在 1921 年 10 月 24 日，作者写下了《天上的街市》。

的字词句加以赏析，进而得出牛郎织女生活幸福的结论。

其实结论中的“幸福”一词是显而易见的，但是通过探究，能让学生关注诗歌用词、炼字的妙处，为今后的现代诗歌学习打下基础，能更自然地过渡到对诗歌情感的探讨。

【设计意图】

对诗歌主旨的探讨是本文的重点，此处适时地引入写作背景，让学生更加深刻地感受到，在那个军阀割据、百姓流离失所、民不聊生的灾难时期，作者通过改写悲剧故事来寄托对美好、安定生活的向往。

最后通过找出四个“定然”和一个“定能够”读出诗人坚信的信念。升华情感，以朗读调动学生的激情，学生在读出那种

师：正如同学所介绍的，在那个军阀割据的时期，大地上弥漫着硝烟炮火，百姓流离失所，民不聊生。（**课件展示相关影像资料**）正是在这样的社会环境下作者选择改写悲剧，为我们吟唱出充满幸福与温暖的《天上的街市》，这是为什么呢？

生：寄托了诗人对美好、安定生活的向往。[**教师板书：美好（向往）**]

师：作者相信这样的美好生活会到来吗？你从哪里看出来的？

生：相信！四个“定然”和一个“定能够”可以看出诗人坚信着自己的愿望一定能实现。

师：让我们带着和作者同样的坚定读出这些诗句。

（**男女生分读五句诗**）

师：此时老师无比好奇，若你有机会见到那时的郭沫若先生，你们会对他说些什么？

生：郭沫若先生，您的诗文影响着一代又一代的中国人，您就像一束光芒，在那个黑暗的时代，用优美的诗句、丰富的想象给人民送去希望。

坚定信念的同时，进一步体会作者深切的期盼、美好的愿望，让坚定的富有气势的朗读成为本节课的高潮。

请您放心，您和中国人民所向往的美好未来一定会到来！这盛世如您所愿！

师：好一句“请您放心！这盛世如您所愿！”同学们，历史不容遗忘，美好的生活来之不易。同学们，我们欣逢盛世，当不负韶华，愿你们勤学苦思，捍卫这盛世繁华！同学们，能做到吗？

生：能！

师：让我们带着这份坚定的信念，尝试朗诵这首诗歌。

（生分组尝试背诵诗歌，每组背诵一小节）

师：感谢同学们用如此深情的朗诵优美了整个课堂！

5. **能学以致用，仿写街市**

（9）仿写。

师：无论是文学世界还是现实生活，诗人总能化悲凄为美好。正是使用了这支联想与想象的魔法棒，今天老师把这支魔法棒交给你们，希望你们能使出属于自己的神奇魔法！帮助老师完成这首仿写小诗。

天上的校园

孩子们的眼中闪烁着求知的光亮，
好像__________________。
天上的星星闪烁着淡淡的光芒，
好像__________________。

【设计意图】

展示教师仿写的诗歌《天上的校园》，引导学生发挥联想和想象进行补充，降低了仿写难度，便于学生积极参与、大胆展示，真正达到学以致用的目的。同时也再次展示诗歌源于生活而高于生活的魅力，强调联想和想象的重要作用，抛砖引玉激发学生今后的创作热情。

本课由诗人的诗歌

我想那缥缈的空中，
定然＿＿＿＿＿＿＿＿＿＿＿＿。
校园里到处活跃着的孩子，
定然＿＿＿＿＿＿＿＿＿＿＿＿。

你看，那皎洁的月亮，
定然＿＿＿＿＿＿＿＿＿＿＿＿。
学生们围绕在身旁，
她便散着温柔如水的微光。

我想，他们此刻，
定然＿＿＿＿＿＿＿＿＿＿＿＿。
不信，你看那颗流星。
是他们＿＿＿＿＿＿＿＿＿＿＿＿。

（生交流展示仿写的句子）

师：同学们的分享诗歌让老师在你们独到的联想和奇特的想象中收获了很多的惊喜与感动，黑格尔说：“一个民族不但要有一群脚踏实地的人，还要有仰望星空的人。”让我们全体起立，脚踏实地，在琅琅的读书声中再次欣赏天上的街市！

（生朗诵诗歌）

师：在你们优美的诵读中，这节课也迎来了尾声，希望今后的你们也能够带着联想和想象的翅膀在文学的天空自由翱翔，始终记得仰望星空，以梦为马，更要脚踏实地，不负韶华！这节课到此结束，谢谢大家！

走进文本，由学生的诗歌走出文本。让学生真正做到在感受美、欣赏美的同时创造美！

（二）板书设计

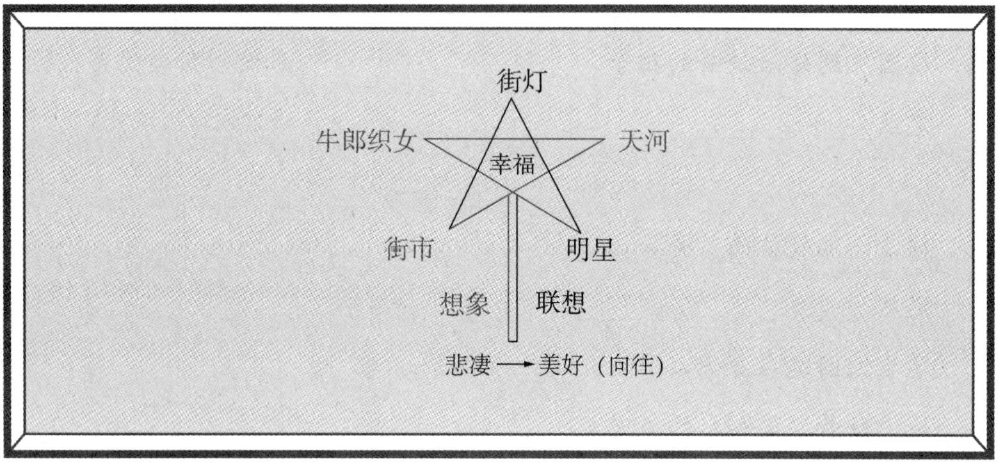

（三）达标检测

1. 给下列加点字注音或根据拼音写汉字。

缥缈（　　）　　定然（　　）

陈 liè（　　）　　灯 lóng（　　）

2. 对下列句中加点的词语解释有误的一项是（　　）。

A. 定然在天街闲游（悠闲地游逛）

B. 街市上陈列的一些物品（把物品摆出来供人观赏）

C. 我想那缥缈的空中（形容隐隐约约，若有若无）

D. 定然是世上没有的珍奇（珍贵而奇异）

3. 下列诗句的朗读节奏划分有误的一项是（　　）。

A. 好像/闪着/无数的/明星

B. 定然有/美丽的/街市

【设计意图】

达标检测是对学生课堂知识掌握的一个基本测评，对学生的课堂听讲效率也起到一定的检查、督促作用。其中设计的题目都是基础题型，方便教师课下帮助学生查漏补缺，达到教评一致。

C. 定然是/世上/没有的/珍奇

D. 我/想那缥缈的/空中

4. 下列各句中运用了联想手法的一项是（　　）。

A. 远远的街灯明了，/好像闪着无数的明星

B. 街市上陈列的一些物品，/定然是世上没有的珍奇

C. 你看，那浅浅的天河，/定然是不甚宽广

D. 那隔着河的牛郎织女，/定能够骑着牛儿来往

5. 默写填空。

《天上的街市》中诗人想象天上的街市定然富庶美丽的诗句是：________；想象牛郎织女提着灯笼在天街闲游的诗句是：________。

6. 这首诗表达了诗人怎样的思想感情？

________。

7. 请写出两句关于牛郎织女的诗句：________。

（四）作业设计

作业要求：学生根据自身实际情况，选择适合自己能力的作业内容。三个任务中至少选择一个任务，按时完成。

作业过程：在以下作业内容中进行自主选择，请在选做的题号前标注√。

作业内容：《天上的街市》这首诗运用联想和

【设计意图】

作业是课堂教学的延续，是教学工作不可缺少的一个基本环节。在“双减”背景下，“减负提质增效”需要我们

想象，创造出美妙的意境。如诗人由人间写到天上，在诗人的笔下，神话传说与实际景象完美地融合在一起，似幻似真，引发了读者无限的遐思。请你结合所学，从下列任务中至少选择一项完成：

任务一：为你写诗。请你仿写《天上的街市》，选择你喜欢的天体（如太阳、月亮等），创作一首小诗。(字数不限)

任务二：为你续写。发挥想象，以“我想在那缥缈的空中”为开头续写牛郎织女在天上街市的幸福生活。

任务三：为你朗读。录制《天上的街市》配乐朗读视频，要求做到声情并茂地朗读。

在一点一滴的日常教学中，不断地务实求真、开拓创新，谱写教育教学的新篇章。本次作业设计旨在引导学生充分展开联想和想象，进行初步的文学创作，进一步巩固本课难点内容，增强学生的审美能力和创造能力。

八、设计思想

阅读教学是“学生、教师、文本之间的对话过程”，是学生个性化行为。所以，本节课我遵循这三个理念：第一，以学生为本，课堂教学不仅重视教师的知识传授，更应该重视学生与教师的学习交流，重视学生主动参与，重视学习方法的指导。第二，以朗读为主，“读书百遍，其义自见”。读是语文教师发展学生语言能力最基本的训练方式。第三，以合作探究为阶梯，激发学生的合作探究精神，为学生创设有利于自主合作探究的学习环境。

本节课的整体教学思想如下：

1. 诗意的语言激趣导入。这是一首优美的诗歌，所以在教学过程中，我用充满诗意的语言引导学生走进诗歌，给学生带来美的初感受，由同一作者的不同风格的诗歌激发学生阅读的兴趣。

2. 以生为本，重视朗读。语文课程标准指出：要让学生充分地读，在读中整体感知，在读中有所感悟，在读中培养语感，在读中感受到情感的熏陶。在教学过程中应珍视学生独特的感受、体验和理解。我在讲授过程中注重多形式的朗读，有多样性的朗读指导，尽力让多形式朗读和生生互评成为课堂亮点。学生根据自己的理解体悟感受诗歌的魅力，为探究课文内容奠定坚实基础。

3. 重视联想和想象的能力培养。阅读教学是“学生、教师、文本之间的对话过程”，是学生个性化行为。好的课堂应该充分发挥学生的主体性，给学生创设心灵自由，展开联想和想象的翅膀在知识的海洋里遨游。引导学生由词语想象成画面，让学生初步开启想象的思维，为培养联想和想象的能力作铺垫。拓展迁移部分，注意学以致用，由老师仿写的诗歌带动学生创作热情，让学生大胆放飞思维的翅膀，有助于进一步培养学生联想和想象的能力。

4. 板书设计独特新颖且具有美感。将诗意的美延伸于板书设计之中，让板书变得生动，凸显主要知识的同时体现美感与趣味性。

问题反思：

1. 作者的写作背景较复杂，军阀混乱时期的社会面貌只靠文字图片很难让学生有所触动，这不利于学生对诗人情感的体悟。

2. 拓展迁移中的诗歌仿写，是本节课的亮点之一，这一亮点应该有所凸显。

课堂重构：

针对以上问题：1. 我认为如果课堂中将背景材料进行视频展示，炮火连天的场景会让学生对当时的社会环境更加深有体会。在接下来读出作者的“坚定”时，也可播放背景图片或视频，激发学生的情感，让凸显“坚定”的朗读成为本课的高潮。

2. 诗歌仿写应该给予学生更多的准备和展示时间，不仅仅是朗读自己的仿写片段，也可以阐述仿写思路，鼓励多种形式的展示。让学生在课堂上能够真正感受诗歌来源于生活，升华于想象。

周虞姣，现襄阳市襄州区第七中学语文教师，从教10年，在校期间教学成绩突出，连续多年所带班级语文成绩名列第一，得到学生、家长和学校领导的一致认可。多次被校、区、市授予表彰。

作为教师，她始终与学生“互相尊重，共同进步”，努力用热情点燃知识的讲堂。她致力于教学研究，参加语文教学活动并获得了一些成绩。2022年获“湖北五一劳动奖”；2021年获“湖北青年教学能手”；2021年获“襄阳五一劳动奖章”；2022年获“襄阳教学能手”；2022年获襄阳市中小学“教坛新秀”称号；2021年获“襄阳市学生最喜爱的老师”；2017年、2020年获优质课教师，也被聘为“国培计划”中西部骨干项目一对一精准帮扶“师范类新教师教学技能培训”的指导教师，努力将自己所学分享给更多的教师同仁，教学相长，教与学的探究脚步从未停歇。

成绩是一种肯定，更是一种激励。“甘将心血化时雨，润出桃花一片红”，作为教育工作者，她将全部心血浇灌在教育事业的沃土上，始终相信全身心地投入工作、爱护学生，必能看到一片霞光，成就一路芳香。她对教育的挚爱和全身心的投入，赢得了学生、家长、学校、社会的赞扬，正是她的这种爱岗敬业精神才真正成为教师敬业奉献的楷模。

建筑之个性　民族之性格

——《中国建筑的特征》教学设计

湖北省武昌实验中学　吴军砚

一、教材分析

《中国建筑的特征》是统编版教材高中语文必修下册第三单元第八课选文，隶属“实用性阅读与交流”任务群。课文类型为科技论文，与“科学与文化论著研习”学习任务群渗透融合、衔接延伸。

第三单元以人文主题“探索与创新”作为组合的重要依据，以课文作为主要载体，通过设计学习任务，自觉渗透社会主义核心价值观体系。第7课《青蒿素：人类征服疾病的一小步》《一名物理学家的教育历程》介绍了科学家的创新探索，第9课《说“木叶”》是关于中国古典诗歌的论文。

本单元的学习目标是：学习知识性读物的阅读方法，发展科学思维，培养科学精神。阅读时要把握关键概念和术语，理清文章思路；分析作者阐释说明、逻辑推理的方法，体会文章语言严谨准确的特点；还要运用所学知识，探究实际问题，形成自己的见解。

本文创作于1954年，有比较浓厚的学术色彩。文章阐述了中国建筑的主要特征，总结了中国建筑的风格和手法，展示了中国建筑的独特魅力，表达了作者弘扬中国建筑优良传统的热切愿望。文章语言平实，逻辑清晰，体现了梁思成先生作为建筑学大家的创新意识、探索精神和科学态度，有助于学生学习科技论文的阅读方法，激发对科学研究的兴趣和热情，为选修任务群“学术论著专题研讨”的学习奠定基础。

二、学情分析

从年龄特点来看，学生正处于青少年“拔节孕穗期”，是树立正确“偶像观”的成长关键期。学生对梁启超、梁思成、林徽因等名人比较熟悉，渴望深入探究这些名人的事迹和精神。

从认知基础来看，学生在八年级上册第五单元学习过《中国石拱桥》《苏州园林》和写作课《说明事物要抓住特征》，对说明文有一定了解。

从能力水平来看，学生对中国古代建筑文化有初步感知和一定兴趣，但对科技论文类的长篇实用性文本阅读方法掌握不足。

从学习风格来看，《中国建筑的特征》全文 3 700 多字，生字词和建筑学术语较多，学术性强，学生不容易产生兴趣，但本班学生的研究意识和实践能力较强。

三、教学目标

1. 语言建构与应用：学习文章用严密、准确、生动的语言介绍事物、阐述原理的方法。

2. 思维发展与提升：理清文章思路，梳理九大特征，理解“文法”与“建筑”两大体系之间的逻辑关系。

3. 审美鉴赏与创造：学习科普论文的阅读鉴赏方法，感受建筑之美、语言之美。

4. 文化传承与理解：感受中国建筑之美和梁思成先生的大师风范，自觉继承民族优秀文化。

四、教学重点

学习科普论文介绍事物、阐述原理的方法，理清文章思路，梳理九大特征，理解“文法”与“建筑”两大体系之间的逻辑关系。

五、教学难点

感悟建筑之美、语言之美、文化之美，感受梁思成先生的大师风范，自觉继承民族优秀文化。

六、教学准备

1. 场馆资源

（1）中国建筑科技馆

中国建筑科技馆位于湖北省武汉市，由中建三局投资建设并运营，建筑面积 1.9 万平方米，由中国台湾著名建筑师李祖原先生主持设计，旨在传承中国建筑文化、促进建筑科技发展，打造中国建筑文博、展览、科普领域影响力最大的文化传播平台，成为中国建筑科技和建筑文化的形象展示窗口。

展馆展陈面积约 6 000 平方米，包括常设展、主题展、临展。其中常设展厅分为古代、荆楚、现代及未来四大展厅，全面展现中国古代建筑文化、荆楚建筑成就、现代建筑科技及未来建筑展望。

馆内的建筑模型、建筑手稿拓本、构件实物、高清照片均可作本课研学资源。

中国建筑科技馆

黄鹤楼

（2）黄鹤楼

黄鹤楼位于湖北省武汉市武昌区，地处蛇山之巅，濒临万里长江，为武汉市地标建筑；因唐代诗人崔颢登楼所题《黄鹤楼》一诗而名扬四海。它是“中国古代四大名楼”之一、“中国十大历史文化名楼”之一，世称“天下江山第一楼”。

黄鹤楼主楼为四边套八边形体、钢筋混凝土框架仿木结构，通高 51.4 米，底层边宽 30 米，顶层边宽 18 米，飞檐五层，攒尖楼顶，顶覆金色琉璃瓦，由 72 根圆柱支撑，楼上有 60 个翘角向外伸展；楼外有铸铜黄鹤造型、胜像宝塔、牌坊、轩廊、亭阁等建筑环绕，整楼形如黄鹤，展翅欲飞，檐下四面悬挂匾额。

2. 媒体资源

“故宫展览”手机 App：“营造之道——紫禁城建筑艺术展”。

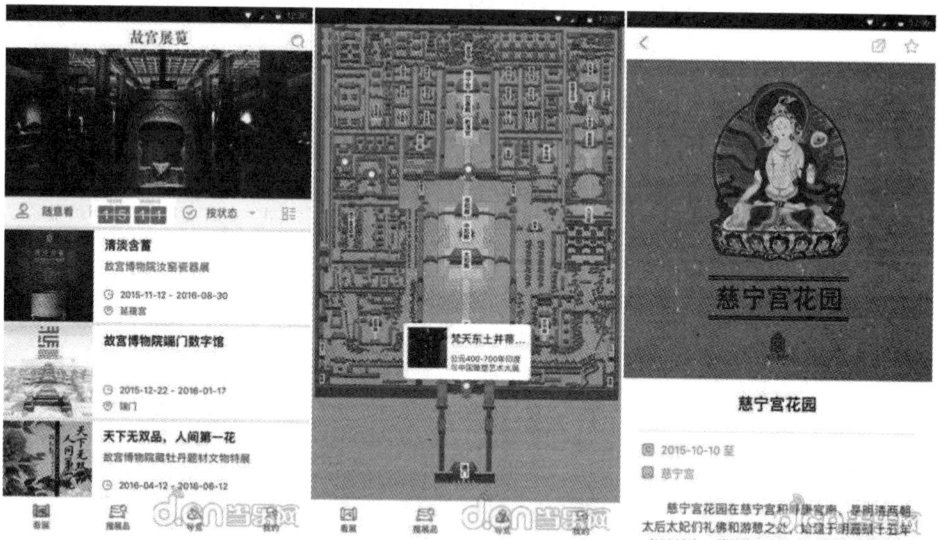

3. 文本资源

（1）《新京报·书评周刊》专题《思城：梁思成的命运之城》。

（2）梁思成《中国建筑艺术》。

（3）易东晖《非遗视角下的中国建筑的特征》。

(4) 张帆《梁思成中国建筑史研究再探》。

(5) 李文儒《故宫院长说故宫》。

4. 教学工具

PPT 课件、一体机电脑、导学案、古建筑照片、手绘图等。

5. 学习任务设计图示

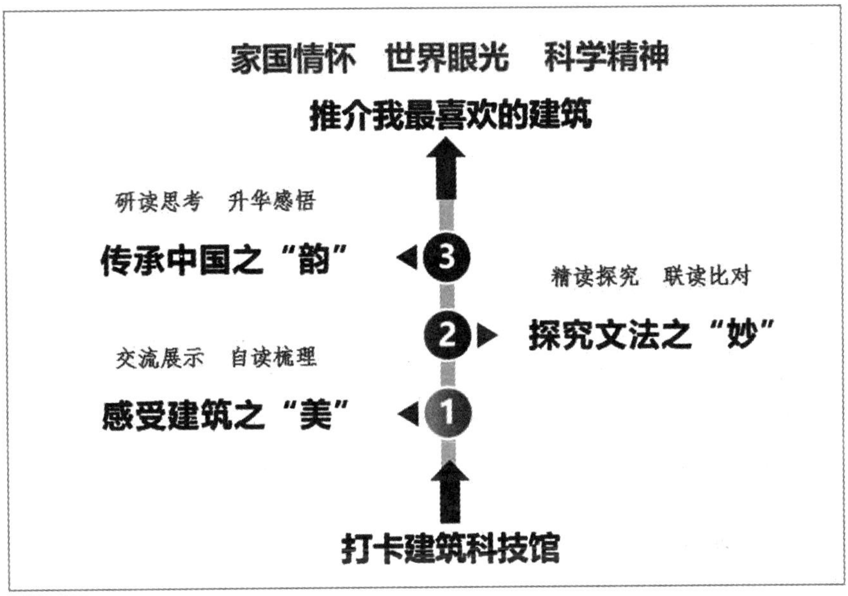

6. 课前学习

(1) 学生参观建筑科技馆，聆听讲解，感受博大精深的中国建筑文化。

(2) 预习课文，小组合作，梳理文中介绍的中国建筑九大特征中自己最感兴趣的一种，选用图片，准备向全班同学介绍。

七、教学过程

（一）课堂实录

师：前不久我们一起研学打卡了武汉市的中国建筑科技馆，感受到中国古代建筑源远流长，自成一家。谁创立了中国现代教育史上第一个建筑学系呢？

生：（齐答）梁思成。

师：正确！早在宾夕法尼亚大学留学时，梁思成先生看到各国都有建筑史，连日本学者都开始研究中国建筑。回国后，在战火硝烟中，他和林徽因以及营造学社同仁们考察了中国15个省的2200座古建筑，1942年他立志编写《中国建筑史》，2年后巨著完成。那么，梁思成先生眼中的中国建筑是怎样的？今天我们来学习《中国建筑的特征》，请同学们将课本翻到第55页。

学习活动一：感受建筑之“美”

师：同学结合研学经历，再来认真阅读这篇文章，提出你觉得我们需要研究的问题。欢迎大家各抒己见。

预设1：我想知道梁思成先生说的中国建筑的特征有哪些特征？可以总括为哪些方面？

预设2：文章中出现了文法、可译性这些说法，究竟有什么深意？

…………

【设计意图】

落实教学重点，学习科普论文的阅读鉴赏方法，理清文章思路，梳理九大特征。

【目标达成】

学生能够理清文章写作思路，准确划分段落层次，梳理九大特征师：汇总同学们的想法，我们可以围绕三个问题来探究《中国建筑的特征》——第一，中国建筑有哪些特征？第二，建筑和文法是什么关系？第三，“可译性”又是什么？我们首先来探究第一个问题，中国建筑有哪些特征？课代表把同学们研学打卡时珍藏的一些图片整理成了一个小视频，我们一起来看看！

的内容和作用，能够在理解文意的基础上为同学们讲解。

师生活动：欣赏学生的原创短视频。

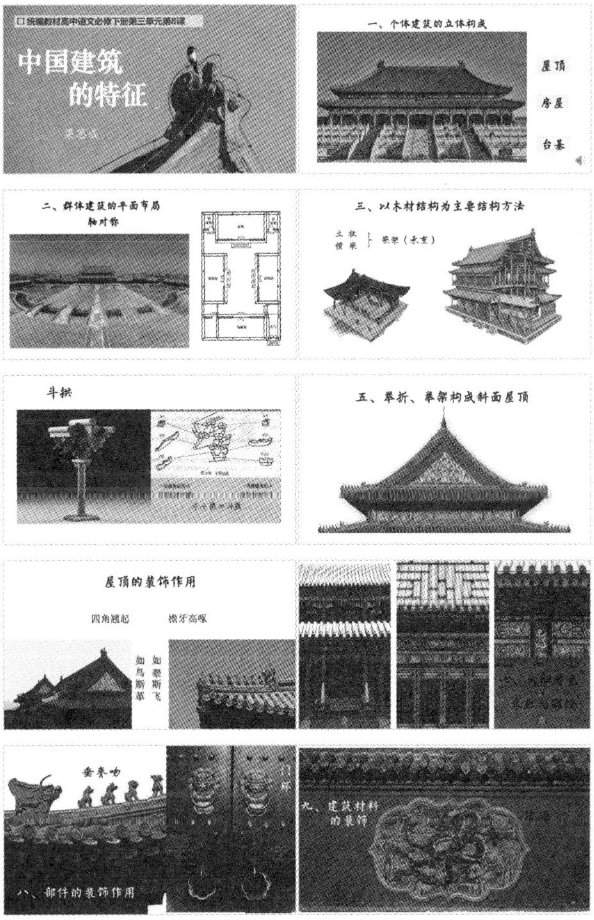

1. 交流展示

师：短视频欣赏让我们感到美不胜收，每一

种特征都很美，真是“各美其美”，那么你最喜欢中国建筑哪一种美的特征呢？欢迎你来介绍分享。

师生活动：

学生在课前预习基础上，分组汇报研读成果，结合自己平时对中国传统建筑的了解，选用图片，向全班同学介绍其中一种特征。师生共同欣赏、评价。

	特征
构成部分	台基、房屋、屋顶
平面布置	对称、向南、有户外空间
结构方法	木材梁架、横梁、框架结构
斗　　拱	弓形短木、斗形方块木
举折举架	屋顶为缓和的弯曲面
屋　　顶	四角翘起，装饰壮丽
颜　　色	朱红色
装饰构件	刻花图案、门环、角叶、屋脊、脊吻、瓦当等
装饰材料	琉璃砖瓦、油漆、刻花、浮雕、雕刻等

学生分享示例：《中国建筑的特征》第 2 种特征“平面布置”。

我想以北京四合院和武汉黄鹤楼为例给大家介绍中国建筑的平面布置特点。正如文章中所说，中国所称的“一所房子”是由若干建筑物以及联系的建筑物连接而成，且往往左右对称，具有中轴线。

北京四合院是中国建筑群中最经典的一个案

例。经过数百年的营建，北京四合院从平面布局到内部结构、内部装修都形成了京师特有的京味风格。所谓四合，“四”指东、西、南、北四个方向，“合”即四面房屋围在一起，形成一个“口”字形的结构。北京正规四合院一般依东西方向的胡同而坐北朝南，基本形式是分居四面的北房（正房）、南房（倒座房）和东、西厢房，四周再围以高墙形成四合，开一个门，整个建筑群成严谨对称的长方形结构。

再以大家较为熟悉的黄鹤楼为例。如图所示，黄鹤楼不仅仅只是中间一栋外表五层、内具九层的高大建筑，而是包含了一整套配套的次级建筑。整个黄鹤楼公园建筑形式非常多样，有亭、楼、阁、廊、轩、榭等，黄鹤楼整体布局也是中轴对称的建筑群。

这些建筑为何采取这样的布置方法呢？对称的建筑既显得端庄大气，又给人以庄严、肃穆、整齐、雄伟、简洁、明朗之感。我想，这也是古人在设计这一批建筑时所独居的匠心。

…………

学生分享示例：《中国建筑的特征》第 4 种特征“斗拱”。

斗拱，是中国建筑特有的一种结构。而中国古典建筑最富有装饰性的特征往往被皇帝攫为己有，斗拱在唐代发展成熟后便规定民间不得使用。因此斗拱是屋顶与屋身的过渡，是中国古建筑显著特征之一，同时还是封建社会中森严等级制度的象征和重要建筑的尺度衡量标准。

中国建筑的斗拱，有独特之美。我想用这张图片来阐释一下，相对于西方古建筑的砖石结构体系来说，中国古建筑最大的特点就在于以木结构为主。而斗拱，又是木结构的精粹！在立柱和横梁交接处，从柱顶上加的一层层探出的弓形短木叫拱，承托的方形木块叫斗，合称斗拱。斗拱是榫卯结合的构件，是力传递的中介，减少立柱和横梁交接处的剪力，以减少折断的可能性。它把屋檐的重量均匀地托住，扮演者“顶天立地”的角色，起到平衡稳定的作用；同时，遇到地震时，榫卯结合的空间结构会“松动”但不会“散架”，如太极般以柔克刚，消耗地震传来的能量，使得地震荷载降低，起到抗震作用。

林徽因曾说，没有斗拱的“尽错综之美，穷技巧之变”，就没有中国古建筑的飞檐翘角，没有“增一分太长，减一分太短的玄妙”。我读课文中的第八段，觉得梁思成先生写得很简洁，他用下定义、摹形状、作诠释、举例子等说明方法，使我们豁然开朗，结合我们在建筑馆看到的模型，就能明白“斗拱”的含义和作用。

…………

师：你讲得真好！古谚语说，“墙倒屋不塌”，你的阐释让我们更领会到了，中国建筑无论是力学性能、抗震效果，还是建造艺术、装饰美学，都凝结着中华民族的智慧。

学生分享示例：《中国建筑的特征》第 6 种特征“屋顶”。

我印象最深刻的是，梁思成先生作为建筑学家，他的文学底蕴让人佩服！他写屋顶的特点时，引用了诗经中的句子“如鸟斯革，如翚斯飞”。

我翻看了古汉语词典，“革”是翅膀，“翚”是羽毛具五彩的野鸡，这句话说屋檐高扬如同鸟儿张开的翅膀，屋檐华美向上翘起，就像五彩野鸡展翅高飞。还有唐代杜牧的《阿房宫赋》中也有写屋顶的——“各抱地势，勾心斗角”。

我在研学中也了解到，古代的南方建筑中，飞檐是用来显示财富的，屋檐翘起越高，就代表屋主越富有。南方雨水多，建筑的飞檐大、翘的高，可将房顶的雨水抛得尽量远一些，这也是数学当中抛物线的功用。北方多雪，屋檐一般平直，积雪后不会对瓦片造成压力。

师：你借助了研学观察和古籍记录，考察了字词的含义，这是非常不错的学习方法，老师为你们点赞！除了结构性特征外，还有同学为大家介绍中国建筑的装饰性特征吗？

学生分享示例：《中国建筑的特征》第 7 种特征“颜色——朱红”。

朱红是一种介于红与橙之间的颜色，又名中国红。朱红在中国人的世界里无孔不入，生生不息。朱红色在古代被用作“宫墙漆”，准确来说是“朱漆”，中国古代建筑上常常用朱红色为代表色。在古代，朱红色是正色，皇帝御批用朱红，皇家建筑也以朱红色装饰宫墙，王侯贵族的府第大门也常漆成红色，杜甫所写的“朱门酒肉臭，路有冻死骨”的“朱门”就是这么由来的。后来“朱门”就泛指富贵人家了。

仅从建筑美感这一方面来看，北方的宫殿、官府建筑中，多用鲜明色彩的对比与调和。房屋的主体部分多受日光照射，故多用暖色，特别是朱红色；房檐下阴影处，则多用蓝绿调和的冷色，加强了日光的温暖和阴影掠过的明暗对比。朱红色门窗，加上金、蓝、绿的檐壁点染，形成了山明水秀、四季常青的古建之美。

…………

师：大家各抒己见，探讨了对九大特征的理解，从中我们也感受到，梁思成先生条分缕析，深入浅出，让我们能够跨越学科专业知识的鸿沟，去欣赏科学论文中的建筑之美。

2. 自读梳理

梳理：九大特征的介绍能否颠倒顺序呢？

师生活动：学生自主思考，发表见解。

预设1：对于九大特征的介绍，是由整体特征到局部特征的顺序展开的。不能颠倒顺序，特征之间有内在逻辑顺序。

预设2：作为科学论文，梁思成先生对建筑

特征的介绍既科学专业、逻辑严密，又清晰明了、深入浅出。

师：很好！让读者跨越学科专业知识的鸿沟，去欣赏建筑之美、文章之美、文化之美。

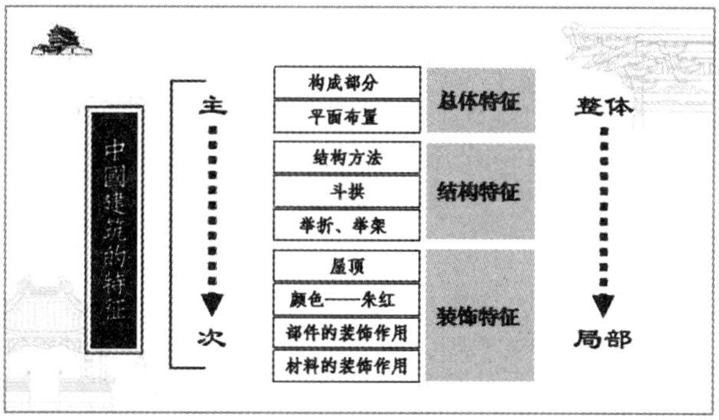

学习活动二：探究文法之“妙”

1. 精读探究

探究：我们一起欣赏了中国建筑的九大特征，每一种特征都很美，这是“各美其美”。九大特征如何有机统一，实现“美美与共”？

师生活动：齐读第14—15段。学生圈点勾画，自主思考，交流探讨。

《中国建筑的特征》第14段：

这一切特点都有一定的风格和手法，为匠师们所遵守，为人民所承认，我们可以叫它作中国建筑的“文法”。建筑和语言文字一样，一个民族总是创造出他们世世代代所喜爱，因而沿用的惯例，成了法式。……无论每种具体的实物怎样地千变万化，它们都遵循着那些法式。构件与构件之间，构件和它们的加工处理装饰之间，个别建

【设计意图】

落实教学重点，理解“文法”与“建筑”两大体系之间的逻辑关系。

【目标达成】

学生能够精读课文，理解重要概念，梳理、建构两者的逻辑关系。

筑物和个别建筑物之间，都有一定的处理方法和相互关系，所以我们说它是一种建筑上的“文法”。至如梁、柱、枋、檩、门、窗、墙、瓦、槛、阶、栏杆、隔扇、斗拱、正脊、垂脊、正吻、戗兽、正房、厢房、游廊、庭院、夹道等等，那就是我们建筑上的“词汇”，是构成一座或一组建筑的不可少的构件和因素。

师：读完了，你有什么发现？

预设：作者提出了两个概念，叫“文法”和“词汇”。

师：“文法”和“词汇”是什么含义？

预设：我觉得文法就是文章的写作方法，词汇是词语和固定短语。

师：很好，你是从文章学的角度给出的解释，从建筑学的角度怎么理解？

预设：第 14 段中有“是我们建筑上两三千年沿用并发展下来的惯例法式”，这就是建筑上的“文法”；“词汇”就是构成一座或一组建筑的不可少的构件和因素。

师：找得很精准！可能有同学会问，“文法”和“词汇”为什么有双引号？

这个问题问得好！谁来说说自己的想法？

预设：“文法”和“词汇”在文中引用双引号，它表示的是特殊含义，“文法”在此处并不指作文中的文法，而是指在中国建筑中一定的风格和手法，它们为匠师们所遵守，为人民所承认。

而“词汇”也不是指语言中的“词汇”，而是指遵循着中国建筑的文法所组织起来的，例如牌楼、影壁之类的建筑物。

师：同学们对课文中下定义的部分，读得很细致。比如梁、柱、枋、檩、门、窗，就是建筑中的“词汇”，是一个个小构件；而如何建造一所房子、如何加工、如何装饰，其中的规律和逻辑，就是“文法”。

明确：

文法——建筑上沿用并发展下来的惯例法式。

词汇——构成建筑的不可少的构件和因素。

师：很好，同学们的思路打开了，这是说明文中打比方的方法。我们如何把语言学和建筑学放在一起比较呢？

2. 联读比对

比对：“建筑”与“文法”这两大体系之间有怎样的逻辑关系？

《中国建筑的特征》第15段：

也如同做文章一样，在文法的拘束性之下，仍可以有许多体裁，有多样性的创作，如文章之有诗、词、歌、赋、论著、散文、小说等等。建筑的“文章”也可因不同的命题，有“大文章”或“小品”。“大文章”如宫殿、庙宇等等，“小品”如山亭、水榭、一轩、一楼。文字上有一面横额，一副对子，纯粹做点缀装饰用的。建筑也有类似的东西，如在路的尽头的一座影壁，或横跨街中心的几座牌楼等等。

预设1：中国建筑的体系与文学体系相似，都可以运用“文法”的规则，创造极不相同的类型。文学创作可以选择不同文体、素材、语言，表现不同的情感、思想、风格。建筑也可以选择不同的构件和因素，建造不同风格、功用、级别的建筑。

预设2：作者文学底蕴深厚，运用打比方的说明方法，洞悉建筑的奥秘，生动形象，使得科普作品通俗易懂，妙趣横生，揭示了文法之“妙”——建筑学中各个构件、因素之间组织起来的惯例法式。

预设3：我觉得梁思成是一位眼界开阔、思想丰富的大师。他讲的都是有文化底蕴的比喻，生动形象，通俗易懂，打通了建筑之法和文法，上升到中国文化和美学、哲学的意味。

师：一言以蔽之，恰如庄子所说“所好者道也，进乎技矣”！归根到底，这些词汇和文法，都是从世世代代劳动人民在长期建筑活动的实践中所积累的经验中提炼出来的，经过千百年的考验，而普遍得到认可和传承，这是中华民族智慧的结晶！

学习活动三：传承中国之“韵”

师：如何让世界人民都能欣赏中国建筑？如何实现“美美与共，天下大同”？一起来看梁思成先生在文章最后一部分提出的一个概念——“可译性”。

【设计意图】

落实教学难点，感受中国建筑之美和梁思成先生的大师风范，自觉继承民族优秀文化。

1. 研读思考

师：作者提出的“可译性”，想要表达什么观点？小组成员交流一下。

《中国建筑的特征》第 19、20 段：

……这许多例子说明各民族各有自己不同的建造手法，建造出来各种各类的建筑物，就如同不同的民族使用不同的文字所写出来的文学作品和通俗文章一样。

我们若想用我们自己建筑上的优良传统来建造适合于今天我们新中国的建筑，我们就必须首先熟悉自己建筑上的“文法”和“词汇”，否则我们是不可能写出一篇中国“文章”的。

预设 1：我觉得作者列举的例子可以帮助我们理解“可译性”——北京的天坛皇穹宇，殿内没有横梁，全靠 8 根檐柱、8 根金柱和众多的斗拱支托屋顶，殿檐覆盖蓝色琉璃瓦，就像一把蓝宝石巨伞。罗马哥特式建筑圣彼得大教堂，16 根多立克式古典柱子，中央穹顶举起，非常雄伟。我们看这两个建筑，是同样的“体裁”，但用的“词汇”和“文法”不同，建筑的形式是类似的。

北京天坛皇穹宇　　罗马哥特式建筑圣彼得大教堂

【目标达成】

学生能够受到启发，感悟青年一代在文化传承上肩负的责任和使命，明确行动的方向。

建筑的可译性来自建筑功能，特别是审美上的功能相同。西方古典建筑中穹顶一方面可以使建筑看上去更加宏伟壮观，另一方面也可以利用这一轮廓为室内增强光照；而我国传统建筑中的“飞檐”也有这样的效果，这就使穹顶与翼角翘起的飞檐有了互译的可能，而这种翻译能加强我国传统建筑与西方与现代建筑的交流互鉴，保留自我特色同时吸纳优秀外来理论。如上面的例子，如果我们将圣彼得大教堂翻译为中式，中央穹顶可替换为三重檐琉璃瓦，古典立柱可翻译为金柱，酒瓶子栏杆翻译为汉白玉栏杆，上平台的大石阶翻译为两侧走人、中留御路的形式，就能将典型的意大利文艺复兴时期的杰作翻译为能使我们老百姓欣赏理解的民族形式。

预设 2：例如这一组图片，第一张是古罗马的凯旋门，而第二张则是我国北京的琉璃牌楼。它们都是同一性质、同样处理的市容点缀：相同的三拱门设计，风格极其类似，古罗马凯旋门具有典型的意式米黄色特征，与旁边的斗兽场如出一辙；而琉璃牌楼则如前文所说，以朱红作为主要颜色，利用了各色油漆的装饰潜力，砖墙上加以雕刻。梁大师提出可译性的概念，是为了说明即便文化之间有差异，但是在建筑的美感上殊途同归，每一种文明都能用自己的语言来讲述寓意相似、各有千秋的故事，而这种语言便是精彩纷呈的建筑。

古罗马凯旋门

北京琉璃牌楼

虽然各民族建筑的功用或主要性能是一致的，有相通性，但表现出来的形式却有很大不同，恰似不同民族的语言，表达同一个意思，语言形式却不相同一样。比如《再别康桥》是现代诗的精品，但外国读者仅凭翻译作品很难欣赏它的建筑美和音乐美。而所谓的“可译性”，是指各民族建筑在实质上有“同一性质”，可以透过其纷繁多样的表现形式解读出来，形成相互理解。

师：可见，有了建筑的“可译性”，我们能够更方便地去欣赏世界各地的建筑艺术，也能将中国传统建筑推广到世界，展示我们中华“民族之性格”。这正如梁思成先生所说，“中国建筑之个性乃即我民族之性格”，“一国一族之建筑适反鉴其物质精神、继往开来之面貌”。

2. 升华感悟

讨论：今天，我们该如何传承中国建筑文化？

师生活动：学生自由发言，教师鼓励学生各抒己见。

预设1：我觉得我们的商品房建设可以借鉴中国古典建筑的元素，提升档次品味，打破“千城一面”的局面，如果有中式庭院就更好了！

预设2：我觉得古城、老街、老胡同、老四合院应该保留，而不是仿古建筑。地方博物馆也可以进行专题宣传展览，寄托老百姓的“寻根情结”。

预设3：我觉得建筑文物修复的技术人才培养也很重要，比如巴黎圣母院失火后，请求中国文物局派出专家参与修复工作。

预设4：以线上+线下模式，建筑+互联网+文化，传承与发扬建筑文化，把传统优良文化植入到建筑材料中，让建筑从源头上有文化，将中华上下五千年文化的精髓与现代科学技术古今结合、中西融合，应用于现代建筑行业。

师：同学们眼界很开阔！从物质到精神层面，都有对建筑文化传承的思考。今天，我们该如何传承中国建筑文化？看了这一组照片，相信同学们会感动，会油然而生钦佩之情。

师生活动：展示梁思成、林徽因考察中国古代建筑的图片资料，师生共同欣赏、感悟。

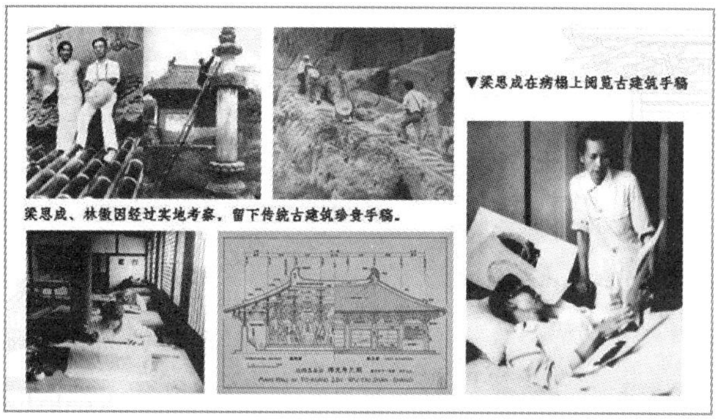

师：文化遗产是全人类共同的财富，大师的远见和胸襟令人钦佩。战火硝烟中，他和林徽因以及营造学社同仁们考察了中国15个省的2 200座古建筑，凝聚心血，编撰书稿，并向世界推介。1946年，他首次将中国建筑文化带到美国耶鲁大学。1947年，他将中国建筑哲学带到联合国。梁思成的研究成果成为西方世界认识中国建筑艺术的重要桥梁。

布置作业：

师：（PPT出示）课后有两项作业：第一，学科实践作业——请你选择一处你最喜欢的建筑向大家推介，我们为大家提供了学习支架“推介文案评价表”；第二，群文阅读作业——自读《故宫院长说故宫》推荐章节，欣赏故宫建筑之美。带着问题进课堂，带着问题出课堂，期待大家精彩的表现！

课堂结语：

师：今天的课就上到这里！守正创新，继往开来，期待同学们当中，未来也有建筑大师，拥有世界眼光、家国情怀、科学精神，让镌刻着中国文化的建筑走向世界！下课！

（二）板书设计

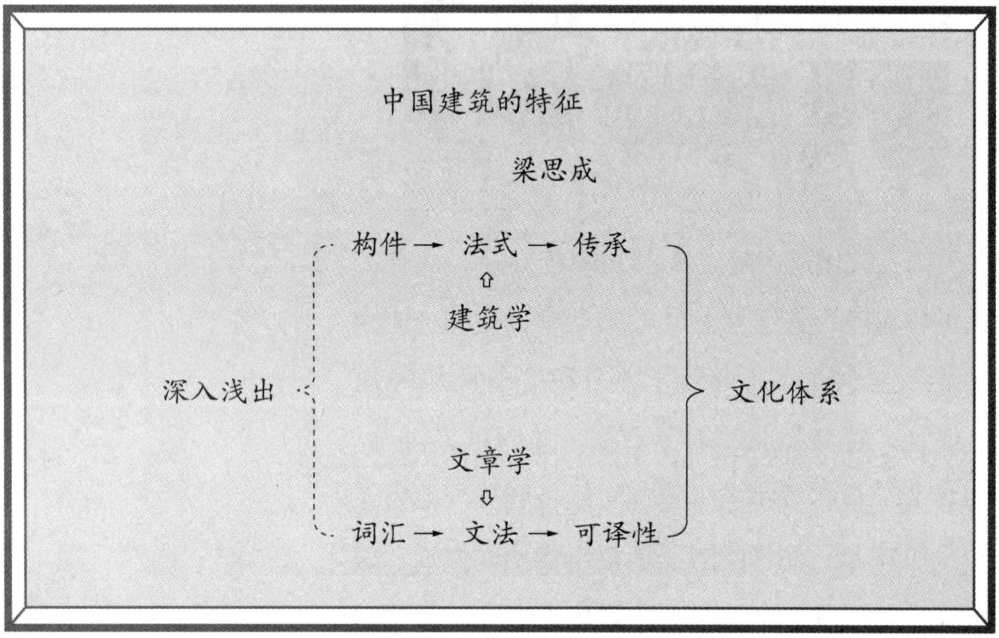

（三）作业设计

1. 应用写作（必做）：请你选择一处你最喜欢的中国建筑，查阅相关资料，向大家推介。要求语言严密、准确、生动，300 字左右。

推介文案评价表

项目	分值	得分	总体评价
熟悉建筑特色、来历、构造等	30 分		
语言严密、准确、生动	30 分		
能够灵活使用说明方法	30 分		
字数符合要求	10 分		

2. 读写体验（选做）：自读李文儒《故宫院长说故宫》“皇家大院”“中国大屋顶”“天地之

【设计意图】

让学生带着问题进课堂，带着问题出课堂，通过学科实践，在“发现问题—思考问题—解决问题”中传承中国文化。作业内容分为必做和选做，意在继续突破教学难点，深化学生对中国传统建筑美学的热爱，自觉继承民族优秀文化和非物质文化遗产。

必做题为应用写作：推介一处你喜欢的中国建筑，意在继续突破教学难点，深化学生对中国传统吻”“栏杆拍遍”“琉璃花”这些章节，对照《中国建筑的特征》欣赏故宫建筑之美。

建筑美学的热爱。同时，提供“推介文案评价表”，给学生的课后自主探究提供学习支架，同时为下一堂“课后练习课”提供教学评价工具。

选做题为群文阅读：自读李文儒《故宫院长说故宫》，引导对建筑文化感兴趣的学生继续深入探究，让学生多经历、体验各类启示性、陶冶性的语文学习活动，让学习在课堂上、课堂外同时发生。

【目标达成】

学生能够在推介文案中做到概念准确、逻辑严密，思路清晰、语言生动。能够在课后选择自己喜欢的章节进行阅读，摘抄积累或分享感悟。

八、设计思想

在近几年的教学实践中，我逐渐提炼了自己的教学主张——“四文一体”导学型语文课堂：“文言”包含语言、内容，“文章”涵盖体裁、思路，“文学”囊括形象、技法，“文化”凸显思想、传统，整体上以文言为点，文章为线，文学为面，文化为体，用“文言”作为基础，以一带三，登堂入室，达到文化的高度，进而落实学科核心素养。

本篇科学论文的教学，分三阶段呈复合式推进。课前，创设真实、活泼的综合性学习活动情境——打卡中国建筑科技馆。课堂上，以梁思成先生的名言“中国建筑之个性乃即我民族之性格”作为立课之魂。首先学生开展合作探究，梳理中国建筑的九大特征，欣赏建筑之美，把握“中国建筑之个性”；然后通过对“建筑”与“文法”两大体系之间对应关系的分析，以及对“可译性”的理解，感受“民族之性格”，最后明确建筑文化乃至中国文化都需要继往开来，发扬光大。课后，以学习任务“向大家推介你最喜欢的中国建筑”为驱动，引导学生继续进行研究性学习。2021 年恰逢梁思成先生诞辰 120 周年，本课通过活动致敬名家，传承建筑文化。

经典之所以能够成为经典，其中必然含有隽永的美、永恒的情、浩荡的气。这些作品具有穿越时空的精神感召力与思想引领力，在新的时代条件下绽放新光彩、释放新能量、彰显新魅力。作为语文教师，培养有思想、有能力、有情怀、有担当的学生，是我的使命，也是我未来教育之路上不变的追求。

吴罕砚，湖北宜昌人，中共党员，中学语文高级教师，武昌区语文学科带头人，现任湖北省武昌实验中学招生办主任、竞赛班班主任。曾获 2019 年武汉市第 16 届教师五项技能竞赛中学组“状元”、武汉市杰出青年岗位人才、“湖北青年教学能手”、“湖北五一劳动奖章”、“武汉五一劳动奖章”、武汉市教育系统女职工“建功立业岗位标兵”等称号。

在教学中主张建设“四文一体”导学型语文课堂，致力于培养有梦想、有能力、有思想、有情怀的青年人。教育箴言：学语文，是培养自己感知生活幸福的能力，拥有面对一丛野菊花而怦然心动的情怀。

探究引领课堂教学　聚焦落实核心素养

——"正弦定理"教学设计

华中师范大学第一附属中学　周　珂

一、教材分析

"余弦定理、正弦定理"选自人教 A 版必修第二册第六章第四小节，根据课程标准，教材把解三角形从以下三部分展开：正弦定理与余弦定理、解三角形及应用举例。本章主要是定量地揭示三角形边角之间的数量关系，正弦定理与余弦定理是三角函数和三角恒等变形的延展，是三角函数与平面几何的有机结合。教材着重让学生在已有知识的基础上，通过对任意三角形边角关系的探究，发现并掌握三角形中的边长和角度之间的数学量化思想，发挥学生的主动性，使学生的学习过程成为在教师引导下的探究过程和再创造过程。本节是解三角形内容的开始，通过初中对直角三角形边角关系的研究发现正弦定理这一优美对称的关系式，经历由特殊到一般的归纳思想，体会发现数学规律的一般思路。因此，本课有着开启全章，为进一步通过解三角形解决与测量和几何计算有关的实际问题打基础的作用。

二、学情分析

经过半年多时间的学习，学生对数学概念及思维方法的认识水平有了较大提高，但不同层次的学生之间仍存在着较大的差距。在新课中，从学生已经掌握的知识入手，引导学生思维“上路”，让学生主动参与探究过程。在学生的探索活动中，通过设疑、质疑、提示等启发式手段，帮助学生分析问题，激发他们的学习兴趣。此外，学生已经具有了一定几何形象思维能力，但抽象思维能力还不强。如果按教材中正弦定理的证明方法，直接作一个垂直于三角形一边的单位向量，学生可能会感到很突然，难以理解。本文的教学设计将通过搭设台阶，降低难度，引导学生从几何上去发现数量关系，再联系数量积的几何意义，借助向量的工具性来证明正弦定理。

三、教学目标

1. 理解掌握正弦定理的内容，探索证明正弦定理的方法，学会运用正弦定理解决简单的解三角形问题。

2. 在“发现定理、验证定理、证明定理、应用定理”的过程中体会由特殊到一般的思想方法，培养学生发现问题、分析问题、解决问题的能力。

3. 在小组合作探究过程中，实现思维的碰撞，培养学生学习数学的自信心和热情，养成善于合作交流的好习惯。

四、教学重点

探究证明正弦定理的方法，理解掌握正弦定理的内容，应用正弦定理解决两角及任一边、两边及一边对角的解三角形问题。

五、教学难点

正弦定理的证明，特别是向量法证明正弦定理。

六、教学具准备

课本、PPT 课件。

七、教学过程

（一）课堂实录

1. 情景导入

师：同学们，先让我们回顾一下初中学过的三角形的边和角的关系。谁来简单描述一下三角形的边角关系呢？

生：三角形的每个顶点都有三条边，而每个角对应着三条边。

师：非常好，每个角对应着三条边。那么，三角形的边与它所对应的角有什么关系呢？我们来思考一下。

生：我觉得边和角的大小是有关系的。比如，如果一个角很大，那么它对应的边也会比较长。

【设计意图】

从回顾学生已有的三角形内的边角关系入手，营造出轻松愉悦的学习氛围，让学生体会到本节所研究内容是和旧知有联系的。

2. 提出猜想

师：你说得对，角的大小与它对应的边的大小是有关系的。那么，我们能不能具体地量化这种关系呢？也就是说，能不能找到一个数学公式来表示边与角之间的关系呢？请大家小组内讨论，并提出自己的猜想。如果大家对任意三角形的猜想有困难，可以先考虑一些特殊情况。

（生小组安排代表提出自己的见解）

师：非常好的思考！你说的正是我们今天要学习的正弦定理。正弦定理就是用来描述三角形

【设计意图】

通过小组讨论的方式引入正弦定理的学习，让学生在回顾三角形的边角关系的基础后，思考边与角之间的具体关系，并引导学生先通过三角形中最特殊的直角三角形进行猜想。

的边与它所对应的角的正弦值之间的关系。

3. 多元论证

师：现在我们来试着证明正弦定理。请大家思考后讨论，看有哪些证明方法?

小组一：我们组是利用三角函数的定义来证明上述关系式的。

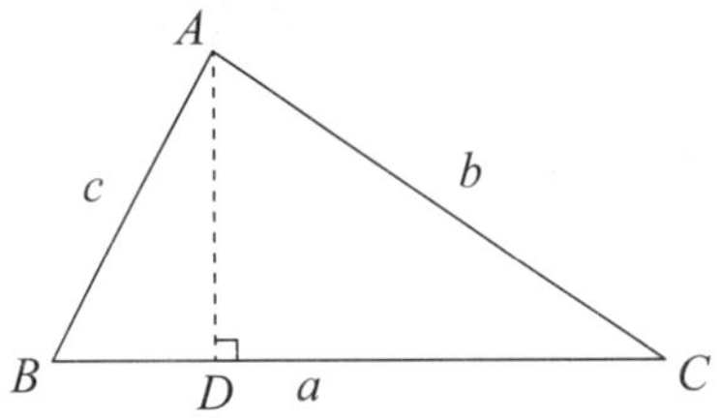

如图所示，过点 A 作 $AD\perp BC$ 于 D，

在 $\mathrm{Rt}\triangle ABD$ 中，$AD=c\sin B$，

在 $\mathrm{Rt}\triangle ACD$ 中，$AD=b\sin C$，

从而 $b\sin C=c\sin B$，即 $\dfrac{b}{\sin B}=\dfrac{c}{\sin C}$，

同理可证 $\dfrac{a}{\sin A}=\dfrac{b}{\sin B}$，

所猜想的关系式得证。

$$AD=c\sin B=b\sin C\Rightarrow\frac{a}{\sin A}=\frac{b}{\sin B}$$

教师追问：这个证明过程有无漏洞?

学生补充：如果 $\triangle ABC$ 是钝角三角形，过点 A 所作的高 AD 在三角形的外部，在 $\mathrm{Rt}\triangle ABD$ 中，$AD=c\sin(\pi-B)=c\sin B$，与锐角的情况是一致的。

【设计意图】

对于正弦定理的证明本节课选取了几何法、坐标法、向量法三种方法，其中几何法和坐标法是学生在学习过解直角三角形和任意角三角函数这些内容之后容易想到的，可以将这两种方法留给学生分小组讨论并根据学生的实际情况进行及时反馈。但是向量法对学生来说存在比较大的困难，教材是通过直接做一个垂直于边的单位向量，这对学生来说是个非常大的思维挑战，通过对前两种方法的讨论，引导学生思考如何选取合适的数学对象建立等量关系，

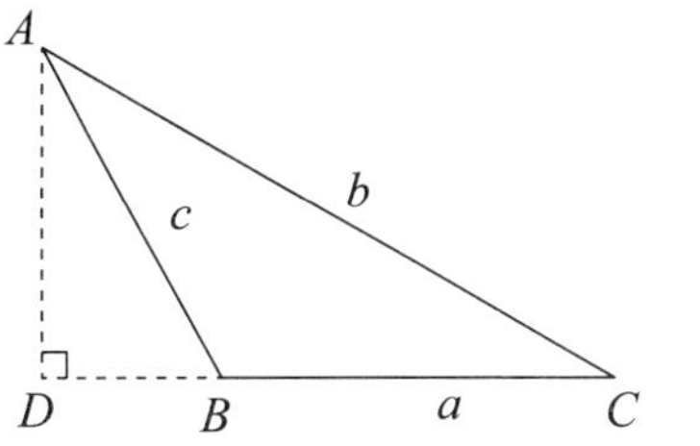

从投影（即几何法中的高线）以及向量回路和向量垂直的角度建立思路，由简单到复杂，突破本节课的难点。

$AD=c\sin(\pi-B)=b\sin C \Rightarrow \frac{a}{\sin A}=\frac{b}{\sin B}$

师：综合两位同学的方法，充分利用三角函数的定义、诱导公式等现有知识解决问题，将复杂问题转化为简单问题，将未知问题转化为已知问题。

小组二：我们组是利用三角形的面积来证明上述关系式的。

由刚才的证明方法，我发现三角形的高可以转化成边与角的正弦值的乘积。先作出三条边上的高 AD，BE，CF，结合诱导公式，不论三角形是锐角、直角还是钝角三角形，都有：

$AD=c\sin B$，$BE=a\sin C$，$CF=b\sin A$，

从而 $S_{\triangle ABC}=\frac{1}{2}ab\sin C=\frac{1}{2}ac\sin B=\frac{1}{2}bc\sin A$，

同除以 $\frac{1}{2}abc$，即得 $\frac{a}{\sin A}=\frac{b}{\sin B}=\frac{c}{\sin C}$。

师：以上两种方法都是运用几何的手段，建立等量关系时使用了不同的突破口，前者运用了三角形某边上的高相等，后者运用了三角形面积

相等。请同学们再思考，在刚刚学习过的三角函数部分，我们是如何将锐角三角函数推广到任意角的三角函数的？这个过程中应用了怎样的工具和方法？

数学说理—坐标角度

锐角三角函数 $\xrightarrow{\text{直角坐标系}}$ 任意角三角函数

以 B 为坐标原点，BC 为 x 轴，

则 A（$c\cos B$，$c\sin B$），C（a，0）。

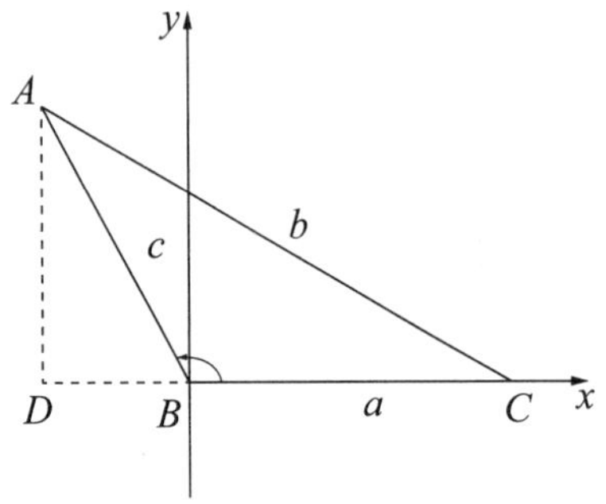

请思考：

• 在以上做法中，坐标系的作用体现在哪里？

师：不仅利用等面积法达到了证明的目的，而且还得到了三角形面积计算公式——只需求得三角形任意两边及其夹角即可。

师：我们知道，向量是解决很多平面几何问题的重要工具，能否借助向量的知识来证明猜想？为了研究三角形中边长和角度的关系，应该在三角形中构建哪些向量？为什么？如何利用向量建立等量关系？

小组三：

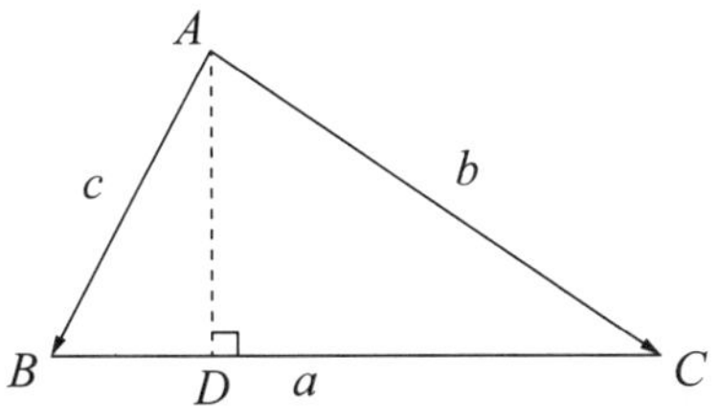

思路一：利用投影向量模长相等

取三角形的边向量$\overrightarrow{AB}$，$\overrightarrow{AC}$，

则 $|\overrightarrow{AB}|=c$，$|\overrightarrow{AC}|=b$，

即$\overrightarrow{AB}$和$\overrightarrow{AC}$的投影向量模长相等，

即 $\dfrac{\overrightarrow{AB}\cdot\overrightarrow{AD}}{|\overrightarrow{AD}|}=\dfrac{\overrightarrow{AC}\cdot\overrightarrow{AD}}{|\overrightarrow{AD}|}$，

即 $\overrightarrow{AB}\cdot\overrightarrow{AD}=\overrightarrow{AC}\cdot\overrightarrow{AD}$，

代入数值得

$c\cdot|\overrightarrow{AD}|\cdot\cos\angle BAD=b\cdot|\overrightarrow{AD}|$

$\cdot\cos\angle CAD$，

即 $c\sin B=b\sin C$。

小组四：

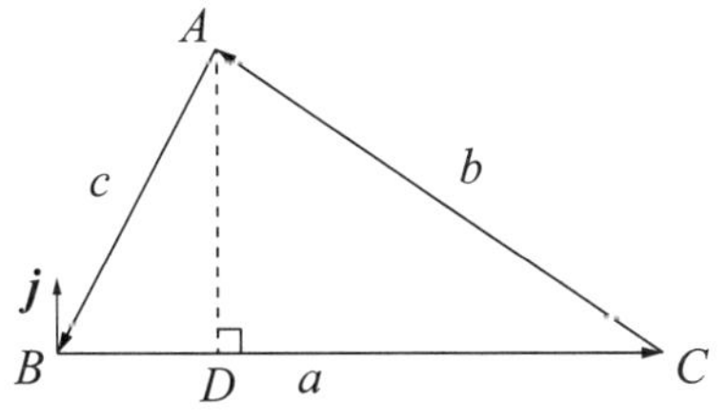

$$\langle \boldsymbol{j},\overrightarrow{BC}\rangle=\frac{\pi}{2}$$

$$\langle \boldsymbol{j},\overrightarrow{CA}\rangle=\frac{\pi}{2}-C$$

$$\langle \boldsymbol{j},\overrightarrow{AB}\rangle=\frac{\pi}{2}+B$$

思路二：利用向量回路及向量垂直关系

取三角形的边向量$\overrightarrow{AB}$，$\overrightarrow{BC}$，$\overrightarrow{CA}$，

则$|\overrightarrow{AB}|=c$，$|\overrightarrow{BC}|=a$，$|\overrightarrow{CA}|=b$，

易得$\overrightarrow{AB}+\overrightarrow{BC}+\overrightarrow{CA}=0$。　（*）

过点B取与BC边垂直的单位向量$\boldsymbol{j}$，（*）式两边点乘$\boldsymbol{j}$得

$\boldsymbol{j}\cdot(\overrightarrow{AB}+\overrightarrow{BC}+\overrightarrow{CA})=0$，

代入数值得

$c\cos\left(\frac{\pi}{2}+B\right)+b\cos\left(\frac{\pi}{2}-C\right)=0$，

即$c\sin B=b\sin C$。

【设计意图】

用钝角三角形的向量法证明作为探究任务，一方面可以强化学生熟悉向量法证明正弦定理的过程，另一方面引导学生重视定理证明的严谨性和全面性，并以此为契机激发学生的探究热情和学习兴趣。

4. 课后探究

请你在钝角三角形中运用上述证法进行推理验证。

5. 简单应用

例1　在三角形ABC中，角A，B，C所对的边分别为a，b，c，若$b=1$，$c=\sqrt{3}$，$C=\frac{2\pi}{3}$，求角B和a。

【设计意图】

引导学生应用正弦定理体验“已知两边及其中一边的对角”解三角形的过程，并在最后的思考中考虑该情况的多解的可能性。

6. 课堂小结

引导学生从数学方法、数学思想、数学素养三个角度对本节课进行小结。

数学方法：几何法、向量法、坐标法

数学思想：特殊到一般、转化与化归

数学素养：数学抽象、逻辑推理、数学建模、数学运算

简单——→复杂

（二）板书设计

在一个三角形 ABC 中，我们有以下关系式成立：

$$\frac{a}{\sin A}=\frac{b}{\sin B}=\frac{c}{\sin C}$$

其中，a、b、c 分别表示三角形的边长，A、B、C 分别表示对应的角度。

数学方法：几何法、向量法、坐标法

数学思想：特殊到一般、转化与化归

数学素养：数学抽象、逻辑推理、数学建模、数学运算

简单⟶复杂

（三）作业设计

基础题目：课后习题。

拓展题目：我国承前启后的著名数学家、天文学家梅文鼎在他的著作《平三角举要》中给出了正弦定理的完整形式。梅文鼎先生给出的正弦定理的完整形式该如何证明？在证明的过程中请思考梅文鼎先生为什么会想到借助三角形的外接圆？

【设计意图】

引导学生进行进一步的思考并介绍数学史料。

八、设计思想

（一）激发学生的学习兴趣

在教学过程中，我应该通过引入一些实际问题或应用场景，激发学生对正弦定理的兴趣和好奇心，还可以使用多媒体教具、实物模型等教学资源，

将抽象的概念转化为具体的形象，让学生更容易理解和接受。同时，可以组织一些趣味性的小游戏或竞赛，让学生在轻松愉快的氛围中学习正弦定理，提高他们的学习兴趣和积极性。

（二）强调概念理解与几何直观

在教学中，我可以通过引导学生观察、发现和讨论，帮助他们从几何的角度理解正弦定理。例如，可以让学生观察三角形的内角和边长之间的关系，通过比较不同三角形的边长和角度，发现正弦定理的规律。同时，可以利用动画或实际操作，让学生亲自验证正弦定理，加深他们对定理的理解和记忆。

（三）创设合作学习环境

合作学习是培养学生合作精神和解决问题能力的有效方式。在教学中，我可以将学生分成若干小组，让他们共同探讨和解决与正弦定理相关的问题。可以设计一些问题，引导学生进行讨论和思考，让他们相互交流和合作，互相启发和帮助。通过合作学习，学生可以从不同的角度看问题，培养他们的思维灵活性和团队合作能力。

（四）巩固与应用

在教学结束时，可以设计一些巩固练习和应用题，让学生运用正弦定理解决实际问题。可以设计一些情境题，让学生运用正弦定理求解未知边长或角度。同时，可以提供一些拓展题目，让有一定数学基础的学生挑战更复杂的问题，培养他们的深度思考和创新能力。此外，我还可以鼓励学生在日常生活中寻找和应用正弦定理，让他们将数学知识与实际问题相结合，提高他们的数学素养和解决问题的能力。

周珂，现任华师一附中卓越书院主任。曾被湖北省总工会授予“湖北五一劳动奖章”、被湖北省教育厅授予“湖北省青年教师教学能手”称号；获得湖北省第四届青年教师教学竞赛高中数学组一等奖第一名；获得武汉英才、武汉市优秀青年教师、武昌区学科带头人、武昌区百优班主任、武昌区师德建设先进个人等荣誉称号。在深耕高中教育教学期间，主持国家级、省级课题多项，在各级核心期刊发表多篇论文，参与多部著作编写。目前领衔华师一附中丘成桐少年班的数学教学工作，致力于创新拔尖人才初高中贯通培养的研究。

立足数学思想　提升解题能力

——“勾股定理”教学设计

黄冈市启黄中学　余　燕

一、教材分析

本节课是人教版八年级下册第十七章第 1 节第 1 课时的内容，勾股定理揭示了直角三角形三边的数量关系，将数与形密切联系起来，既是前面学习“三角形三边关系”的知识延伸，又是后续学习“解直角三角形”的基础。因此，这节课的教学内容在初中数学体系中处于承上启下的重要地位。

教材围绕三个问题串设计了三个教学活动。

问题 1：图中三个正方形的面积分别是小等腰直角三角形面积的多少倍？三个面积之间有什么等量关系？

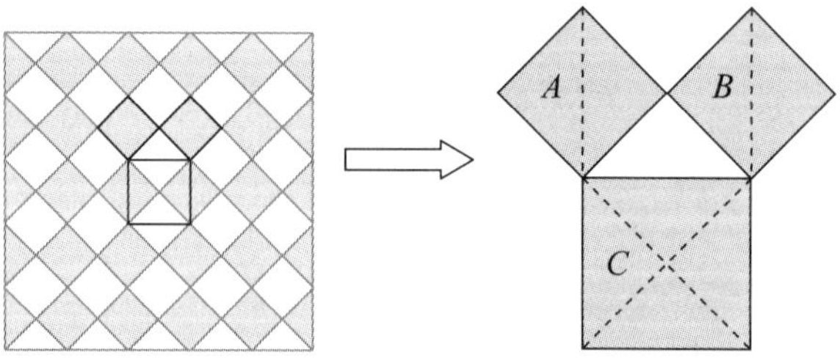

问题 2：由这三个正方形 A，B，C 的边长构成的等腰直角三角形三条边长之间有怎样的特殊关系？从特殊的等腰直角三角形入手，通过观察，首先发现面积关系，进而得到等腰直角三角形的三边之间关系。

问题 3：

探究：等腰直角三角形有上述性质，其他的直角三角形也有这个性质吗？图中，每个小方格的面积均为 1，请分别算出图中正方形 A，B，C，A'，B'，C'的面积。

（1）你是怎样计算图形 C 的面积的？

（2）看看能得出什么结论。

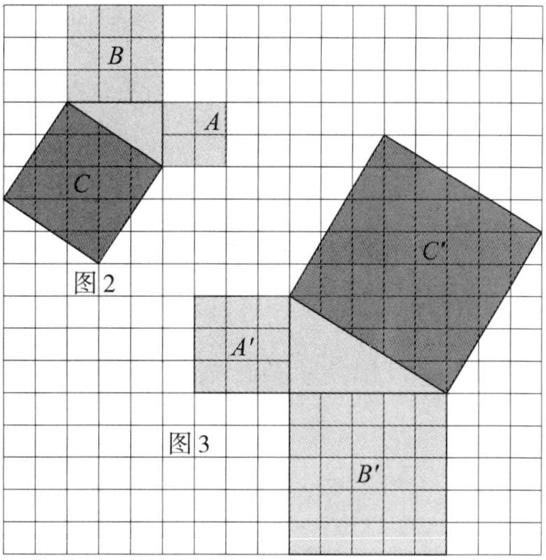

图 2　图 3

本节课属于《义务教育数学课程标准（2022 年版）》中“图形与几何”部分，课标要求是探索勾股定理及其证明，并能运用它们解决一些简单的实际问题。

勾股定理的内容是：如果直角三角形的两条直角边长分别为 a、b，斜边长为 c，那么 $a^2+b^2=c^2$。勾股定理是中学数学重要定理之一，它揭示了直角三角形三边之间的数量关系，把形的特征（三角形中有一个角是直角）转化成数量关系：三边之间满足等式 $a^2+b^2=c^2$。它搭建起了几何图形和数量关系之间的一座桥梁，发挥了重要的作用。勾股定理体现了数形结合的思想方法，具有重大意义。勾股定理启发了人类对数学的深入思考，促成了三角学、解析几何学、微积分学的建立，使数学的几何学和代数学两大门类结合起来，为数学进一步发展拓宽了道路。没有勾股定理，就难以建立起整个数学的大厦。因此，勾股定理不仅被认为是平面几何中最重要的定理之一，也被认为是数学中最重要的定理之一。

我国对勾股定理的研究和其他国家相比是比较早的，在国际上得到过肯定。本课通过对勾股定理历史和我国古代研究勾股定理成就的介绍，以及赵爽证明勾股定理的巧妙弦图，培养学生的民族自豪感，探寻数学文化之美。

在直角三角形中，已知任意两边长，就可以求出第三边长。勾股定理常用来求解线段长度或距离问题，这是勾股定理最基础的应用。

勾股定理的探究是从特殊的等腰直角三角形出发，到网格中的直角三角形，体现了从特殊到一般的探索的过程，由具体的关系归纳出抽象的猜想，学生动手实践赵爽的面积证法，证明猜想、发现定理，并以此引导学生探索、发现、证明定理的思路。通过对勾股定理的探究和发现，培养学生的几何直观、符号意识、推理能力和创新意识等核心素养。

二、学情分析

在之前的学习中，学生已经学习了三角形的有关知识，了解了直角三角形的概念，掌握了直角三角形的性质和一个三角形是直角三角形的条件，并已初步具备课标提出的核心素养中的抽象能力、几何直观、空间观念、推理能力、模型观念及应用意识等基础。学生在此基础上学习勾股定理可以加深学生对勾股定理的理解，提高学生对从特殊到一般以及数形结合的应用与理解。

勾股定理是反映直角三角形三边关系的一个特殊的结论。在正方形网格中比较容易发现以等腰直角三角形三边为边长的正方形的面积关系，进而得出三边之间的关系。但要从等腰直角三角形过渡到网格中的一般直角三角形，提出合理的猜想，学生有较大困难。因此，在教学中先引导学生观察网格背景下的正方形的面积关系，然后思考正方形的面积和直角三角形边的关系，再将这种关系表示成边长之间的关系，归纳出结论。学生第一次尝试用构造图形的方法来证明定理也存在较大的困难，小组合作在此发挥了很大的优势，学生间的互助、交流有利于学生自然、合理地发现和证明勾股定理。另外八年级学生具有好强、好胜、思维活跃的特点，在学习上有强烈的求知欲望，他们乐于探索及表现自我，为学生学习勾股定理奠定了良好的心理基础。

三、教学目标

2022年版义务教育课程标准提出要培养初中生数学核心素养，即会用数学的眼光观察现实世界，会用数学思维思考现实世界，会用数学的语言表达现实世界。

1. 让学生通过观察，发现探索出勾股定理，并能简单运用定理。

2. 在学生充分观察，归纳，猜想，探索直角三角形两条直角边的平方和等于斜边的平方的过程中，发展合情推理能力，体会数形结合的思想；在探索上述结论的过程中，发展学生归纳，概括和有条理地表达活动的过程和结论。

3. 培养学生积极参与、合作交流的意识；在探索勾股定理的过程中，体验获得结论的快乐。

四、教学重点

探索并证明勾股定理。

五、教学难点

勾股定理的探究和证明。

六、教学具准备

课件 、四个全等的直角三角形纸片、三角板。

七、教学过程

（一）课堂实录

1. 创设情境，引入新课

师：同学们，2002年国际数学家大会在我国的北京召开，下图就是这一届大会会徽的图案。请你仔细观察这副图案，说一说，它是由哪些基本图形组成的?

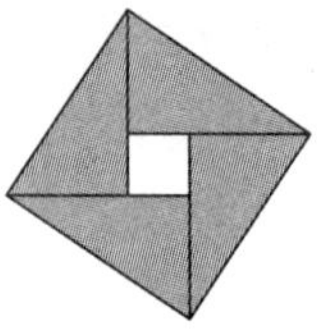

生：由四个直角三角形和正方形组成的。

师：直角三角形与正方形是我们生活当中比较常见的基本图形，我们已经学过直角三角形两角之间的关系，两个锐角互余。今天这节课来研究直角三角形三边之间的特殊关系。

【设计意图】

本节课由国际数学家大会的会徽导入，激发学生的兴趣，引入新课教师引导学生发现会徽图案是由直角三角形、正方形组成。引出本节课内容——研究直角三角形三边之间的某种特殊关系。

2. 师生互动，探究规律

问题1：相传2500多年前，毕达哥拉斯从地砖图案中发现了直角三角形三边之间的某种数量关系。我们也来观察一下这副示意图，我把地砖的颜色给隐藏，可以清楚地发现图中每个小三角形都是等腰直角三角形，假设每个小等腰直角三角形的面积为1。

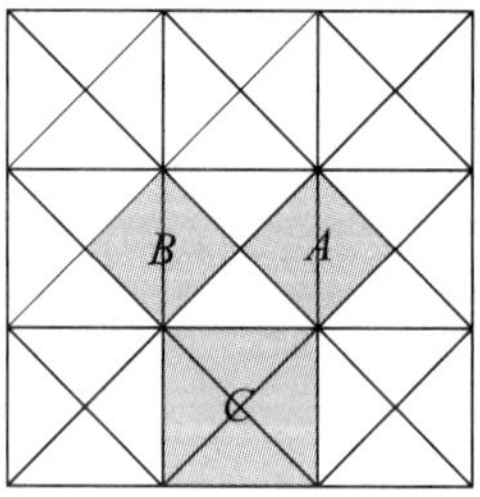

师：图中三个正方形 A，B，C 的面积分别是多少?

【设计意图】

从最特殊的等腰直角三角形入手，通过观察首先发现面积关系，进而得到等腰直角三角形的三边之间关系。

师：三个面积之间有什么等量关系？

3. **探究发现，突破难点**

在网格图中画出一个任意的直角三角形，像刚才的示意图一样，以这个直角三角形的三边为边长向外作出三个正方形，分别记为 A，B，C，假设图中每个小正方形的面积为 1。

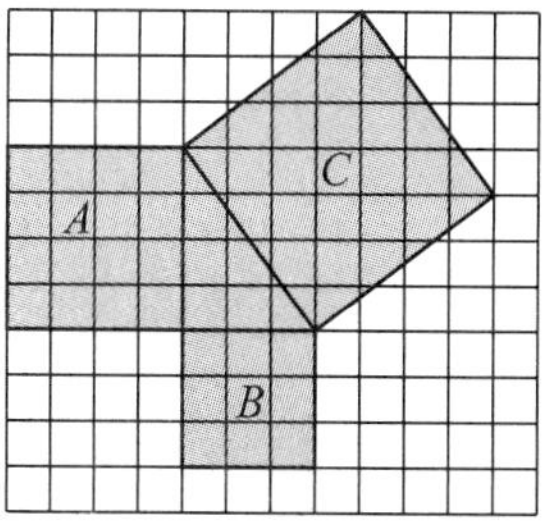

问题 1：正方形 A 的面积是多少？正方形 B 的面积是多少？正方形 C 的面积是多少呢？

追问：如何求正方形 C 的面积呢？

师：通过古希腊数学家去朋友家做客，发现朋友家的地板砖三边之间的数量关系，观察图中正方形内的三角形是什么三角形？

牛：等腰直角三角形。

师：假设每个小的等腰直角二角形的面积为 1，请同学们思考三角形 A、B、C 的面积各是多少？

生：正方形 A 与 B 的面积为 2，正方形 C 的面积为 4。

师：继续思考正方形 A、B、C 面积之间有怎样的等量关系？

生：正方形 A 的面积＋正方形 B 的面积＝正

【设计意图】

由地砖中存在的特殊示意图导入，发现围成等腰直角三角形的三个正方形面积之间存在特殊的数量关系。在正方形的网格图中进一步研究这个示意图，由特殊的直角三角形过渡到一般的直角三角形，面积之间也存在特殊的数量关系。

问题 1 中，教师提出问题，让学生自己独立观察图形，分析数据，思考其中隐含的规律。得出结论：在等腰直角三角形的前提条件下，从这幅示意图中可以得出小正方形 A，B 的面积之和等于大正方形 C 的面积。学生很容易通过数格子的方法答出正方形 A 和正方形 B 的面积．难点是求由斜边所方形C的面积。

作的正方形C的面积。

师：这个结论在等腰直角三角形的前提下成立，反问在一个任意的直角三角形当中是否还成立呢？

生：成立。

问题2：三个正方形A，B，C面积之间有什么关系？

生：$S_A+S_B=S_C$。

下面，我把这幅示意图中的三个正方形推开，把这个直角三角形的三边记为a，b，c，直角三角形三边长之间有什么关系呢？

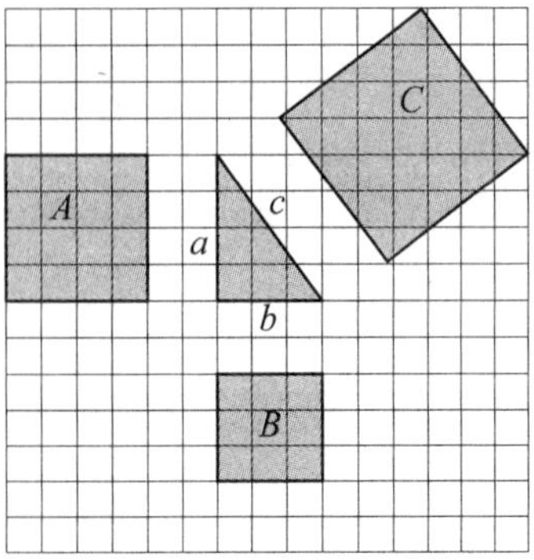

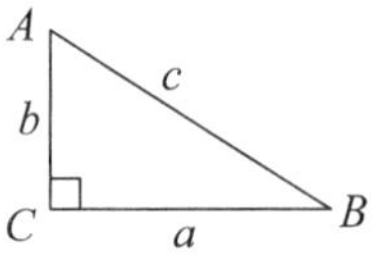

得出猜想：如果直角三角形的两条直角边长分别为a，b，斜边长为c，那么$a^2+b^2=c^2$。

问题：c的平方可以表示什么图形的面积？

师：给出任意的直角三角形以各个边向外作正方形A，B，C，假设每个小正方形面积都为1，思考正方形A，B，C的面积为多少？

生：正方形A的面积为16，正方形B的面积为9，正方形C的面积为25。

师：请同学们解释一下正方形 C 的面积为什么为25？

生：正方形 A 的面积+正方形 B 的面积=正方形 C 的面积。

师：这个规律刚刚是在等腰直角三角形当中得到的，这个三角形是一般的直角三角形，这个结论还能用吗？

生：能。

师：如何来求正方形 C 的面积呢？请同学们思考一下。

生：使用割的办法来求正方形 C 的面积，把正方形 C 切割成4个直角三角形+1个正方形，得到正方形 C 的面积为25。

师：请思考一下还有没有其他办法？

生：补上4个小的直角三角形，通过大的正方形的面积减去4个直角三角形的面积。

师：这两种方法都可以求出正方形 C 的面积，统称为“割补法”。

师：通过正方形 A、B、C 的面积数据，有什么等量关系？你们能得出什么结论？

生：正方形 A 的面积+正方形 B 的面积=正方形 C 的面积。

师：把直角三角形的三边记为 a、b、c，能否由上面的等式推出直角三角形三边之间的等量关系？

生：因为 $S_A+S_B=S_C$，所以 $a^2+b^2=c^2$。

师：哪个同学能够用文字语言来表达一下呢？

生：直角三角形两直角边的平方和等于斜边的平方。

师：如果直角三角形的两条直角边长分别为 a、b，斜边长为 c，那么 $a^2+b^2=c^2$，这个结论是在网格图当中得到，去掉网格，这个结论还成立吗？

4. 拼图证明，得出定理

拼图活动：请同学们拿出课前老师分发的四个直角三角形，拼一拼，摆一摆，看能否得到一个含有边长为 c 的正方形。

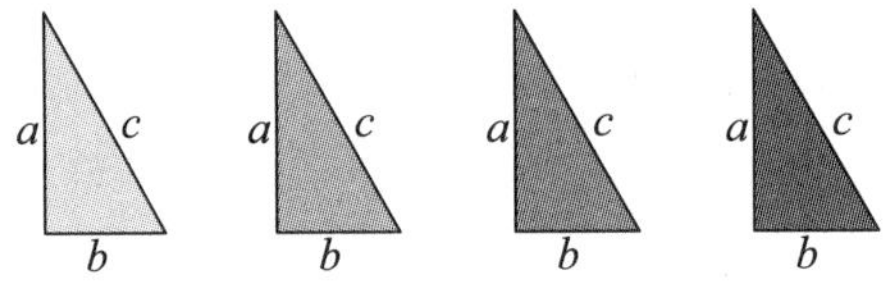

请学生上台展示他们的拼图结果。

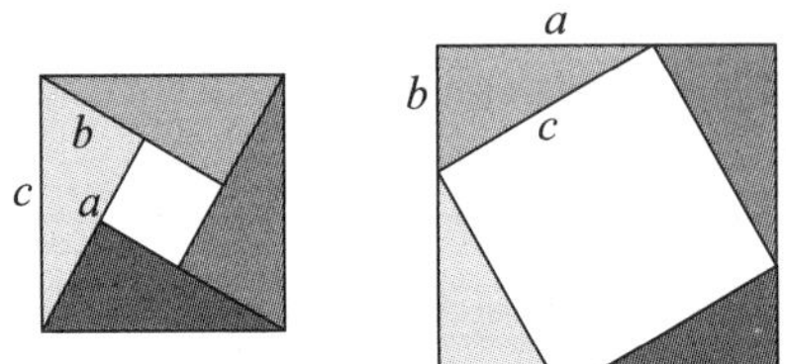

师：这两种拼法满足我们的要求含有边长为 c 的正方形吗？

师：其实这两种拼法还有一定的内在联系。

师：下面，我将第一种拼法中边长为 c 的正方形标记出来，从面积的角度可以得出什么样的等量关系？

追问：小正方形的边长怎么表示？

【设计意图】

教师引导学生将四个全等的直角三角形拼成一个大正方形，有两种不同的方法。这两种不同的拼图方法，实际上就是网格中用割补法求面积所用到的两种图形。第一个图形就是导入中提到的会徽，也是三世纪我国汉代数学家赵爽在注解《周髀算经》时给出的，人们称它为赵爽弦图。播放小视频介绍赵爽弦图的证明方法。了解中外勾股定理的历史，说明勾股定理的重要性。了解学习效果，让学生经历运用知

$S_{大正方形}=S_{小正方形}+4S_{直角三角形}$

$\downarrow\qquad\downarrow\qquad\downarrow$

$c^2=(a-b)^2+\frac{ab}{2}\times 4$

$=a^2-2ab+b^2+2ab$

$=a^2+b^2$

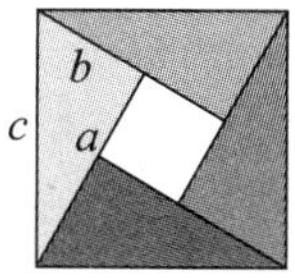

师：我们借助这种拼图里存在的面积之间的等量关系，从而得到直角三角形三边之间的特殊关系。

师：请同学们借助于第二种拼法，独立完成第二种拼法的证明。

证明：$\because S_{小正方形}=S_{大正方形}-4S_{直角三角形}$，

$\therefore c^2=(a+b)^2-4\times\frac{ab}{2}$，

$\therefore c^2=a^2+2ab+b^2-2ab$，

即 $a^2+b^2=c^2$。

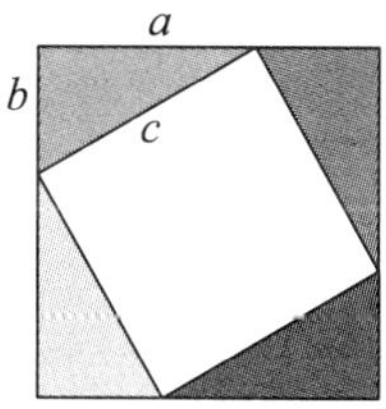

勾股定理：

如果直角三角形的两条直角边长分别为 a，b，斜边长为 c，那么 $a^2+b^2=c^2$。

几何语言：在 Rt$\triangle ABC$ 中，$\angle C=90°$，那么 $a^2+b^2=c^2$。

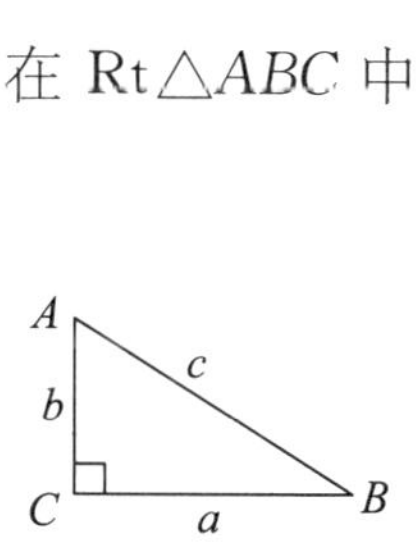

识解决问题的过程，给学生以获得成功体验的空间，激发学习的积极性，建立学好数学的信心。学生独立完成后，共同归纳出用勾股定理解决问题时的应用条件以及需要注意的事项。

师：通过课前准备的 4 个直角三角形让学生摆一摆，拼一拼看能否得到一个以边长为 c 的正方形，通过拼图活动让学生动手拼一个边长为 c 的正方形，得到两种拼法。

师：通过面积之间的等量关系 $S_{小正方形}=S_{大正方形}-4S_{直角三角形}$，得到 $a^2+b^2=c^2$ 通过证明推出它是正确的，那就是定理。

师：用另外一种拼图办法同样也能推出这个定理 $a^2+b^2=c^2$。

这两种拼法之间还有一定的联系，当把第一种拼法向内翻折就得到了第二种拼法，当把第二种拼法向外翻折就得到第一种拼法，现在我们能够运用两种方法证明 $a^2+b^2=c^2$。在古代我们把这个定理叫作勾股定理。

师：为什么把这个定理叫勾股定理呢？通过古文引出勾股定理的由来。

师：欣赏赵爽证法。

师：学生们记一下勾股定理——如果直角三角形的两直角边长分别 a，b，斜边为 c，那么 $a^2+b^2=c^2$。

师：勾股定理的条件和结论分别是什么？

生：条件是直角三角形，结论是两直角边的平方和等于斜边的平方。

师：通过勾股定理我们能够知道直角三角形任意两条边求第三边。

师：通过实例运用勾股定理解决一下计算直角三角形边的问题。

师：通过变式，已知 3 和 4 是直角三角形的两边长，求第三边的长。

生：因为不清楚 3 和 4 为直角三角形的那边，所以分 3 种情况讨论，但只有两种情况符合题意。

师：讲第 2 个例题。

生：通过两种方法解决问题。

师：通过面积法，得到规律，引出美丽的勾股树——体现数学之美。

5．应用定理，解决问题

例 1　求出下列直角三角形中未知的边。

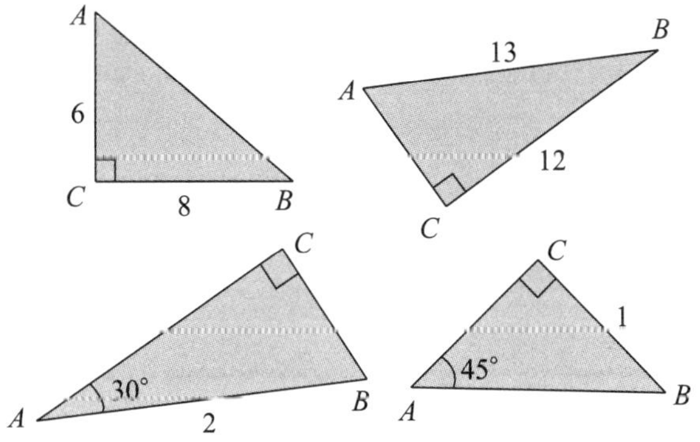

变式练习　已知 3 和 4 是直角三角形的两边长，则第三边的长为________。

例 2　求出图中字母所代表的正方形的面积。

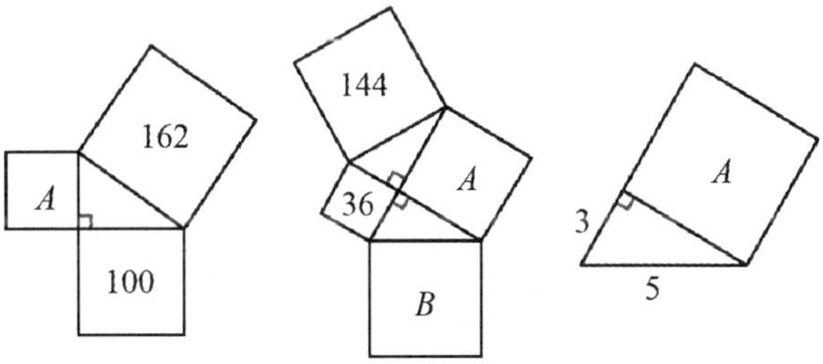

【设计意图】

例 1 是勾股定理的简单运用。例 2 的训练，让学生理解勾股定理有两种不同的呈现形式：面积关系和边长关系。变式练习有助于提高学生的答题能力。

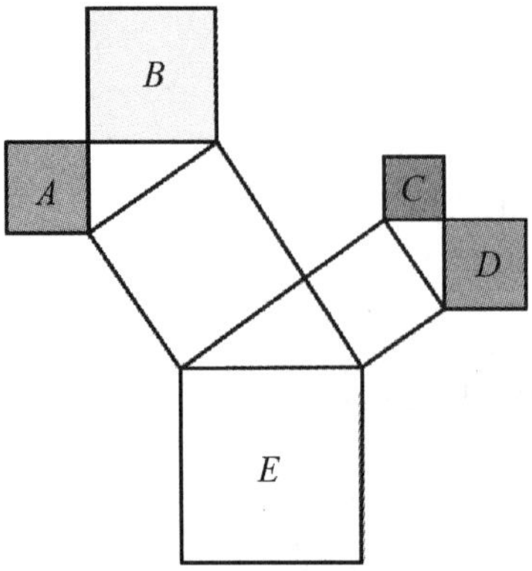

变式练习　如图，所有的三角形都是直角三角形，四边形都是正方形，已知正方形 A，B，C，D 的边长分别是 12，16，9，12。求最大正方形 E 的面积。

6. **反思小结，深化新知**

(1) 你有什么收获？你还有什么疑惑？

(2) 勾股定理的内容是什么？它有什么作用？

(3) 在探究勾股定理的过程中，我们经历了怎样的探究过程？

【设计意图】

学生反思、归纳本节课学习的内容，体会并交流自己的收获，归纳知识点，并强调运用知识的时候需要注意的地方。回顾本节课的知识点引导学生说出体现的是什么数学思想，数学思想方法的归纳。

（二）板书设计

勾股定理	典例分析
勾股定理： 直角三角形的两直角边的平方和等于斜边的平方。 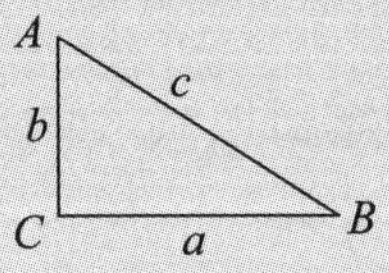 几何语言： 在 Rt△ ABC 中，$\angle C=90°$，那么 $BC^2+AC^2=AB^2$ 或者是 $a^2+b^2=c^2$。	例 1 变式练习 例 2 变式练习

（三）学习评价（后测）

为进一步探索融合信息技术的新型教与学模式，充分利用信息技术优势，借助网络平台开展课堂后测，对学生的学习情况进行整体评价，达到教学评一致性，以下是课堂后测题设计。

“勾股定理”课堂后测

1. 已知某直角三角形的两直角边的长分别为 $5\sqrt{2}$ 和 $12\sqrt{2}$，则这个直角三角形的周长________。

2. 如图，AD 是 $\triangle ABC$ 的中线，若 $AB=AC=5$，$BC=6$，则 AD 的值是________。

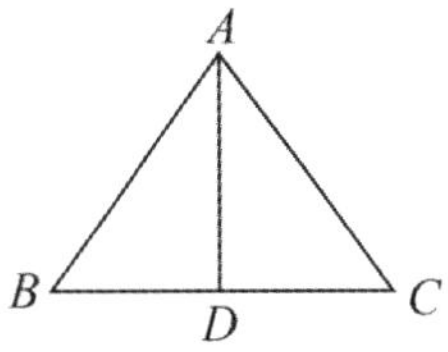

3. 在 $\triangle ABC$ 中，$\angle C=90^\circ$，周长是 30，斜边和一直角边的比为 13∶5，则这个三角形三边长分别是________。

4. 如图，Rt$\triangle ABC$ 中，$\angle C=90^\circ$，$AC=5$，$BC=12$，分别以 AB、AC、BC 为边在 AB 的同侧作正方形 $ABEF$、$ACPQ$、$BCMN$，四块阴影部分的面积分别为 S_1、S_2、S_3、S_4，则 $S_1+S_2+S_3+S_4$ 等于（　　）。

A. 60　　B. 80　　C. 90　　D. 120

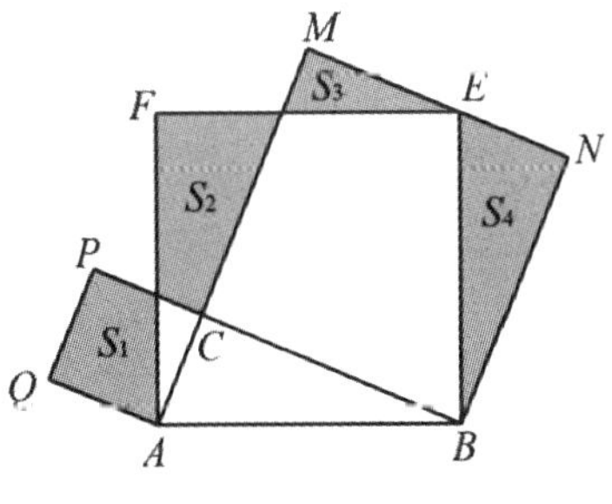

5. 如图，已知图中所有的四边形都是正方形，所有的三角形都是直角三角形。若其中每个直角三角形的最长边与最短边的长度之比均为 k，正方形 A，B，C，D 的面积分别为 S_1，S_2，S_3，S_4，且 $S_1>S_2$，$S_3>S_4$，则下列结论正确的是（　　）。

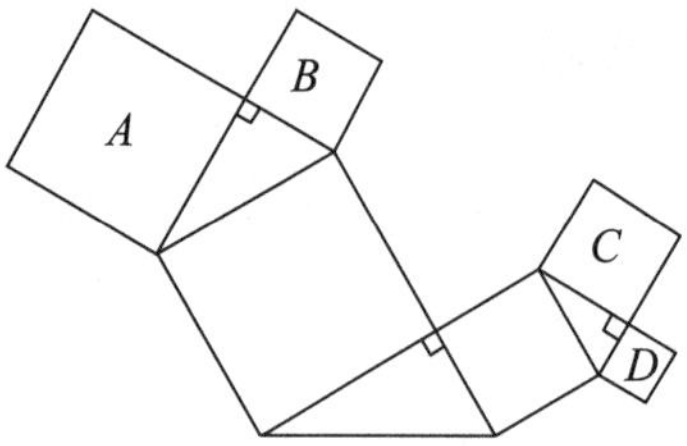

A. $S_1 \cdot S_4 = k^2 S_2$　　B. $S_1 + S_4 = S_2^{\ 2}$

C. $S_1 \cdot S_4 = S_2^{\ 2}$　　D. $S_1 + S_4 = kS_2$

（四）作业设计

1. 搜集勾股定理的文化价值。

2. 寻找勾股定理在实际生活中运用。

3. 习题 17.1 第 1、7、11、12 题。

1. 求出下列图中直角三角形中未知边的长度。

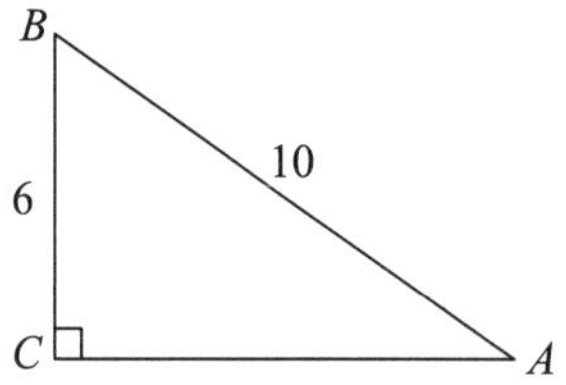

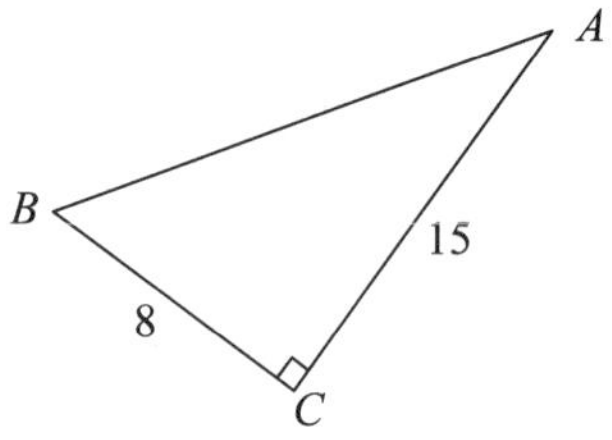

7. 在△ABC 中，$\angle C=90^\circ$，$AB=10$。

（1）$\angle A=30^\circ$，求 BC，AC；

（2）$\angle A=45^\circ$，求 BC，AC。

11. 如图，$\angle C=90^\circ$，图中有阴影的三个半圆的面积有什么关系？

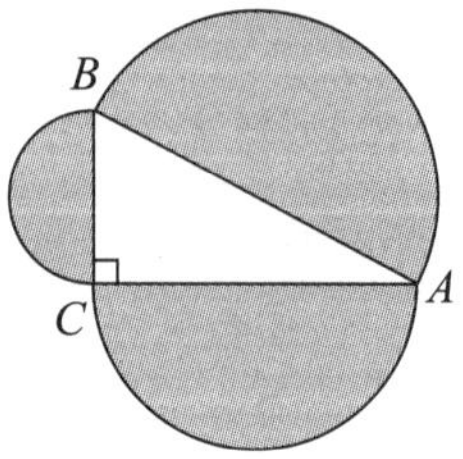

12. 如图，Rt△ABC的面积为20 cm^2，在AB的同侧，分别以AB，BC，AC为直径作三个半圆，求阴影部分的面积。

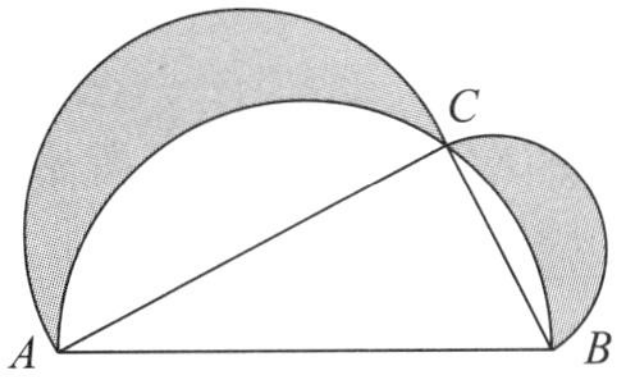

选做题：

如图，在Rt△ABC中，$\angle ACB=90^\circ$，$\angle BAC=30^\circ$，$AB=4$，以AC为斜边作Rt△ACC_1，使$\angle CAC_1=30^\circ$，Rt△ACC_1的面积记为S_1，则$S_1=$________；再以AC_1为斜边作Rt△AC_1C_2，使$\angle C_1AC_2=30^\circ$，Rt△AC_1C_2的面积记为S_2，…，以此类推，则$S_n=$________。（用含n的式子表示）

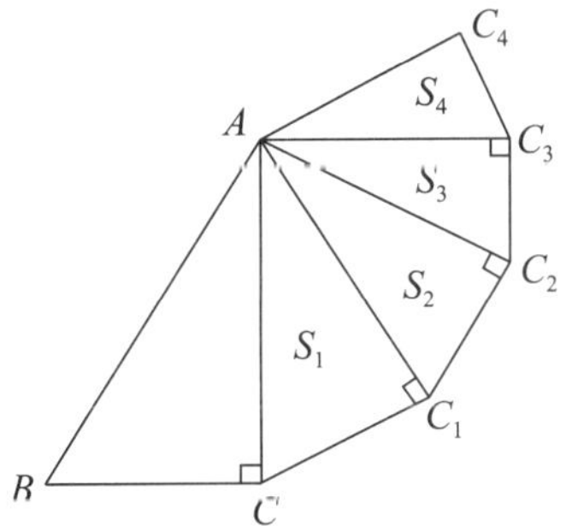

八、设计思想

《义务教育数学课程标准（2022年版）》倡导落实基于实际情境的“教、学、评”一体化的实施。有效的教学活动是学生学与教师教的统一，学生是学习的主体，教师是学习的组织者、引导者与合作者。

通过本节课的教学实践，我再次体会到：学生是课堂的主体。引入课程时选用“全国数学家大会会徽”设置问题情境，引出勾股定理课题，抓住学生心理需要，激发学生共鸣，引起学习兴趣。从各种有趣的拼图探索中抽象出定理本质，引发学生思维冲突并尝试多种途径解决问题，达到引导学生从已有的数学知识出发，完成新的数学知识的学习与构建的教学意图。在教学过程中，把重心定位在知识形成过程的探索，更加注重学生学习能力的培养，实践证明这种做法是正确的。

在课堂实施环节中，我注重学生的主体地位，以面积“割补法”为引线，设计了层层递进的“问题串”，引导学生进行图案的平移、旋转，建立图形间的联系，使学生自然地体会探究过程。从网格中特殊直角三角形到三边任意变化的直角三角形，学生经过观察、交流、割补、计算得出三个正方形面积的关系，而后通过不完全归纳，提出猜想，最后严谨地证明。整个过程环节相扣，层层递进，学生参与度高，课堂气氛活跃，唤起了学生的兴趣，激励学生去认真思考，大胆猜想，突显了学生观察、猜想能力的培养，较好地渗透从特殊到一般、化归与转化、数形结合的数学思想。学生从本节课中积累数学思维的经验，潜移默化地发展自己的数学核心素养。

今后的教学中，我将注重挖掘教材的能力生长点，挖掘教材的内涵，着眼于学生终身发展的需要，为学生的终身发展奠定基础。数学具有严密的逻辑性和抽象性，而学生学习内容的呈现是从简单到复杂，思维方式是从具体到抽象的一个循序渐进的过程。对一个问题的解决不是教师将现成的方法传授给学生，而是教给学生解决问题的策略，让学生在积极思考、大胆尝试、主动探索、合作交流中获得成功的体验。

余燕，中共党员，大学本科学历，中学高级教师，现任黄冈市启黄中学副校长。

曾先后获得“湖北五一劳动奖章”“湖北青年教学能手”“黄冈名师”“黄冈楷模”“黄冈市骨干教师”“黄冈市德育工作先进个人”“黄冈市优秀学科带头人”“黄冈市优秀党务工作者”“黄州区优秀教师”“黄州区优秀班主任”等荣誉称号。

“天下难事，必做于易；天下大事，必做于细。”从教20年以来，她始终秉承爱的教育，作为教师，她从教学的细节入手，以爱作为教学的支点，用兴趣作为教学的原动力，反思作为教学进步的源泉，用心做教师，用爱点燃学生的求知欲与进取心。在初中教育教学期间，曾获第一届全国中小学青年教师教学竞赛初中组三等奖，湖北省第四届中小学青年教师教学竞赛初中组一等奖第一名，湖北省优质课比赛一等奖。参与多项国家、省市级课题并顺利结题，发表多篇文章。

立足核心素养　开展有效教学

——“等差数列”教学设计

武汉大学附属中学　吴　倩

一、教材分析

本节课是人教A版普通高中数学选择性必修第二册第四章数列第二节等差数列的第一课。其核心内容是理解等差数列的概念，能用文字语言、符号语言描述等差数列的概念，并能根据等差数列的定义判断已知数列是否是等差数列；理解等差数列的通项公式，能根据定义归纳出等差数列通项公式；在求等差数列的“基本量”时，能“正用”“逆用”和“变用”通项公式，会利用通项公式解决一些简单问题。

等差数列在学习过程中起着承上启下的作用。本节课是在学生了解了数列的概念、数列的表示方式（表格、图象、通项公式）、数列与函数的关系的基础上，进一步研究等差数列这个具有特殊变化规律的数列。教科书基于“数列是一种特殊的函数”，通过类比函数的“事实—概念—性质—应用”的研究路径建构等差数列的研究思路。学生通过本节课的学习，既可以加深对数列的理解，又可以掌握一个有用的数列模型。它既是研究其他类型数列的基本工具，在日常生活中有着广泛的应用，也为以后类比学习等比数列打下基础。通过这部分内容的学习，学生可以强化运算能力，提升分析归纳能力。

基于以上分析，确定本节课的教学重点：等差数列的定义，等差数列的通项公式。

二、学情分析

学生前一节中已经学习了数列的一般概念，经历了由观察到抽象的数学活动过程和归纳推理的过程，初步具备了归纳推理的能力；学生比较熟悉方程思想，也能够应用数学公式解决简单问题。但学生的严谨性不够，对通项公式中 n 的取值范围可能会忽视；同时，学生对通项公式的推导过程所用到的归纳法和累加法可能需要更为详细的引导。

基于以上分析，确定本节课的教学难点：等差数列通项公式的推导过程。

三、教学目标

1. 理解等差数列的定义，掌握等差数列的通项公式，并能够运用等差数列的通项公式解决实际问题，发展数学运算、逻辑推理、数学建模等核心素养。

2. 经历等差数列通项公式的推导过程，体会累加法、归纳法以及从特殊到一般的思想、方程思想，发展数学抽象、逻辑推理等核心素养。

3. 通过数学史，体会等差数列在古今中外的广泛应用，感受数学的魅力；通过探索等差数列的通项公式，激发学习动机，培养探究能力；通过展示数学家推导等差数列通项公式的方法，感受古人的智慧，增强民族自豪感。

四、教学重点

等差数列的定义，等差数列的通项公式。

五、教学难点

等差数列通项公式的推导过程。

六、教具、学具准备

借助信息技术，通过视频或图片具象化数学史或生活中的等差数列；借助信息技术，设置课堂上的小游戏，寓教于乐。

七、教学过程

（一）课堂实录

1. 创设情境，引入新知

师：同学们请看，这是北京 2022 年冬奥会奖牌的背面。背面的中间是北京冬奥会标志，外圈是安徽含山凌家滩玉璧与古代天文图的结合。这里的古代天文图大有来头，名曰：七衡六间图。

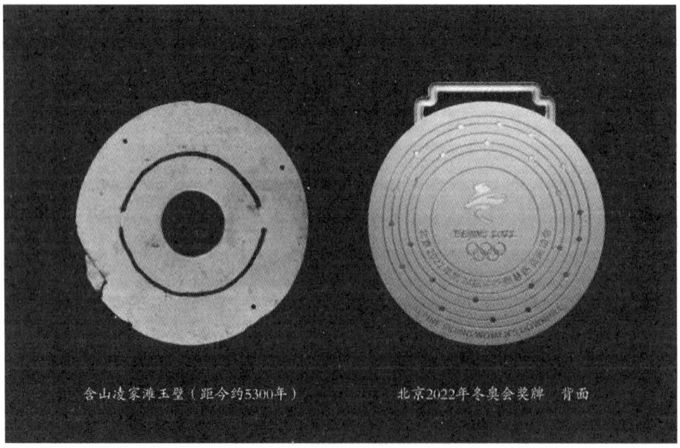

北京 2022 年冬奥会奖牌的背面

【设计意图】

从北京 2022 年冬奥会奖牌的背面设计出发，引出我国数学瑰宝《周髀算经》中的七衡六间图，从图中引出主题——等差数列。从现在我国承办的国际盛会，链接到古代优秀数学文化，激发学生学习兴趣，增强学生的文化自豪感。

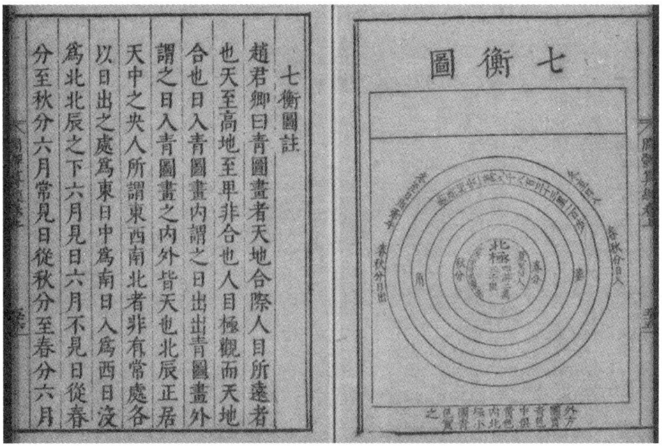

七衡六间图（明版《周髀算经》）

师：七衡六间图就是将日行轨道按照季节划分成 7 个同心圆，每个同心圆的直径构成了一个数列，这个数列就是我们今天要学习的一种特殊取值规律的数列中的一个实例。

2. 归纳猜想，生成概念

师：前面我们已经学习了数列，了解了数列是特殊的函数。我们研究函数时，先理解了函数的一般概念，再研究特殊的函数——基本初等函数，不仅加深了对函数的理解，也掌握了非常有用的几个基本初等函数的模型。类似地，在了解了数列的一般概念后，我们要研究一些具有特殊变化规律的数列，接下来我们看生活中的这四个情境。

情境 1：这幅图是北京天坛圜丘坛，它的地面由石板铺成，最中间是圆形的天心石，围绕天心石的是 9 圈扇环形的石板，从内到外各圈的石板数依次为：

【设计意图】

以北京天坛、衣服尺码、大气温度、贷款利息这四个生活情境作为引入，引导学生观察构建数学模型，激发学生的学习兴趣，培养学生数学抽象、数学建模的核心素养。同时，引导学生体会生活中处处存在数学，感受数学的魅力。

9，18，27，36，45，54，63，72，81 ①

这个数列有什么取值规律呢？

北京天坛·圜丘坛

情境 2：我们之前订校服的时候统计过每位同学的衣服大小：S，M，L，XL，XXL，XXXL，这些衣服的大小对应的尺码分别是：

36，38，40，42，44，46 ②

这个数列有什么取值规律呢？

情境 3：测量某地垂直地面方向上海拔 500 m 以下的大气温度，得到从距离地面 20 m 起每升高 100 m 处的大气温度（单位:℃）依次为：

25，24，23，22，21 ③

这个数列有什么取值规律呢？

情境 4：我们生活中，贷款买房并不少见。某人从银行贷款 a 万元，贷款时间为 n 年。如果个人贷款月利率为 r，那么按照等额本金方式还款，他从某月开始，每月应还本金 $b\left(=\frac{a}{12n}\right)$元，每月支付给银行的利息（单位：元）依次为：

ar，$ar-br$，$ar-2br$，$ar-3br$，… ④

这个数列有什么取值规律呢？

支架问题 1：在代数的学习中，我们常常通过运算来发现规律。例如，在指数函数的学习中，我们通过运算（+、−、×、÷）发现了 A、B 两地旅游人数的变化规律。类似地，观察上面几个情境中的数列，你能通过运算（+、−、×、÷）发现以上数列的取值规律吗？它们有什么共同特点？

【预设】：数列里的数都是“相同间隔”的数。

支架问题 2：你能用数学表达式描述以上规律吗？

生：对于①，发现 $18=9+9$，$27=18+9$，…，$81=72+9$，换一种写法是 $18-9=9$，$27-18=9$，…，$81-72=9$。如果用 $\{a_n\}$ 表示数列①，那么有 $a_2-a_1=9$，$a_3-a_2=9$，…，$a_9-a_8=9$。数列②～④也有这样的取值规律。

师：同学们数感不错，这四个数列的共同取值规律是，后一项与前一项的差是一个固定的常数，这就是我们今天要学的特殊数列——等差数列。根据我们刚才的讨论分析，同学们可以说出等差数列的定义吗？

【预设】学生可能会遗漏“从第二项起”。

师：请问第一项有没有前一项？应该如何调整语言？

生：从第二项起，后一项减前一项是一个固

【设计意图】

按照最近发展区的要求，设立 2 个支架，引导学生借助支架从数列中前后项的数字关系入手进行观察探究，再进一步引导学生用数学表达式（形的角度）总结描述规律，抽象出等差数列的概念，发展学生数学抽象和数学建模的核心素养。

定的常数。

师：对，那么等差数列的定义是，一般地，如果一个数列从第二项起，每一项与它的前一项的差都等于同一个常数，那么这个数列就叫做等差数列，这个常数叫做等差数列的公差，公差通常用字母 d 表示。

由三个数 a，A，b 组成的等差数列可以看成最简单的等差数列。这时，A 叫做 a 与 b 的等差中项。根据等差数列的定义可以知道，$2A=a+b$。

支架问题 3：请问能否使用数学符号语言表示？

【预设】$a_n-a_{n-1}=d$，$n\in\mathbf{N}^*$。

师：请问这个表述准确吗？

生：$n=1$ 不适合，要修改一下。

师：数学符号语言应修正为 $a_n-a_{n-1}=d$，$n\in\mathbf{N}^*$，$n\geqslant2$ 或 $a_{n+1}-a_n=d$，$n\in\mathbf{N}^*$。

支架问题 4：四个情境中的等差数列的公差分别是什么？

生：①～④的公差分别为 9，2，-1，$-br$。

师：四个情境中第一个例子是关于建筑的，第二个例子是关于服装设计的，说明人们在设计中会主动使用“相等间隔”的数，后两个例子则说明人们通过测量、计算等从自然界或经济生活中可能得到“相等间隔”的数。这些都说明等差数列广泛存在于现实生活中。

不光在现代生活中，在数学史上，等差数列

【设计意图】

引导学生用数学符号语言来表示等差数列，特别关注表达的准确性、简洁性，同时也为后面通项公式的推导打下基础，培养学生主动反思和自然语言、数学语言的转化表达能力。

【设计意图】

通过回归课程引入的四个情境，加深学生对等差数列的公差的理解。

也是最早出现并广泛应用的数列。除了我们课前引入中的七衡六间图中每个同心圆的直径组成了等差数列，我国战国时期的楚国铜环权的重量，大致也是按照等差数列配置的。

【设计意图】

在教学中融入数学史，体现数学的文化价值，同时开阔学生视野。

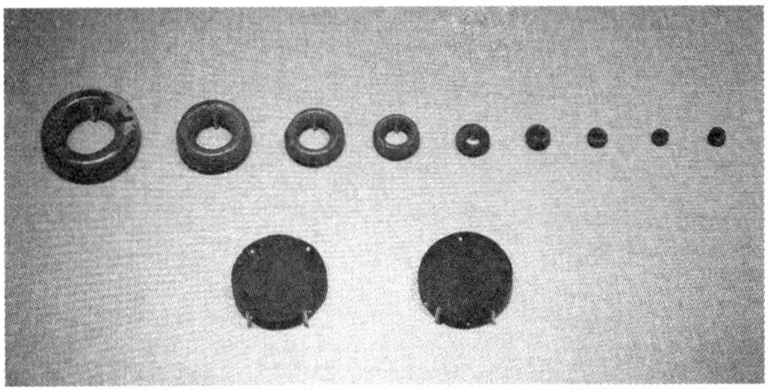

楚国铜环权

而在国外，1858 年，苏格兰收藏家发现，大约公元前 1650 年的阿莫斯纸草书上就记载着等差数列。这个等差数列是这样记录的：10 人分 10 斗玉米，从第二个人开始，每人所得玉米一次比前一人少$\frac{1}{8}$斗，那么每人所分得的玉米数就构成了等差数列。

阿莫斯纸草书

师：我们已经归纳出了等差数列的定义，大家敢不敢做个挑战?

【游戏环节】抢答题

判断下列数列是否是等差数列，如果是，请你说出首项和公差；如果不是，请说明理由。

①1，3，5，7；

②1，1，1，1，…；

③0，−3，−6，−9，…；

④1，3，5，6，12；

⑤1，3，4，5，6，7；

⑥1，2。

【设计意图】

通过抢答游戏（例子包括公差为正、负、0和不是等差数列的各种情况），加深学生对等差数列的理解。

3. 小组合作，探究归纳（通项公式）

师：前面我们学习了等差数列的概念，其实前面的数学符号表示就是以递推公式的形式出现的，那么等差数列有通项公式吗？如果有，我们能根据等差数列的定义推导它的通项公式吗？请各小组依据下面两个支架问题展开交流探究。

支架问题5：已知等差数列$\{a_n\}$的首项是a_1，公差是d，求数列的第2项、第3项、第4项。

支架问题6：已知等差数列$\{a_n\}$的首项是a_1，公差是d，试探究数列$\{a_n\}$的通项公式。

【预设一】：(归纳法）由等差数列定义可知

$a_2-a_1=d$，$a_3-a_2=d$，$a_4-a_3=d$，…，

于是$a_2=a_1+d$，

$a_3=a_2+d=(a_1+d)+d=a_1+2d$，

【设计意图】

设立两个支架问题，让小组合作有努力的方向，让学生自己分析、推导、得出结论，可以培养学生归纳、概括的能力。对于【预设二】，对不同基础的学生可以做不同的处理。可以将

$a_4=a_3+d=(a_1+2d)+d=a_1+3d$,

…

归纳可得 $a_n=a_1+(n-1)d\ (n\geqslant 2), n\in\mathbf{N}^*$。

【预设二】:（累加法）由等差数列定义可知

$a_2-a_1=d$,

$a_3-a_2=d$,

$a_4-a_3=d$,

…

$a_n-a_{n-1}=d\ (n\geqslant 2)$,

将上述（$n-1$）个式子相加得

$a_n-a_1=(n-1)d\ (n\geqslant 2)$,

$\therefore a_n=a_1+(n-1)d\ (n\geqslant 2), n\in\mathbf{N}^*$。

学生分小组充分交流讨论，再展示过程，教师补充完善。

师：首先，我看到同学们讨论出了两种方法。这两种方法都有一个共性问题，我们通项公式不能只考虑 $n\in\mathbf{N}^*$，$n\geqslant 2$ 的情况，$n=1$ 的情况也要考虑。

当 $n=1$ 时，$a_1=a_1+(1-1)d$，符合上式，

$\therefore a_n=a_1+(n-1)d\ (n\in\mathbf{N}^*)$。

其次，第二种的累加法是严谨的证明，这种方法中蕴含着消去“相同项”的思想，这个思想在后续数列的学习中也常常涉及。同时，累加法也是一类数列求通项公式的通法，有兴趣的同学可以提前探究一下。

下列式子

$a_2-a_1=d$,

$a_3-a_2=d$,

$a_4-a_3=d$,

…

$a_n-a_{n-1}=d\ (n\geqslant 2)$,

列出来，再由学生讨论如何求出通项公式。对不同方法加以比较，利用学生思维的发散性，提高思维能力。通过等差数列通项公式的探究推导，发展学生数学抽象、逻辑推理的核心素养。

最后，第一种的归纳法是不完全归纳，需要进一步证明。这种不完全归纳的方法和《周髀算经》的七衡六间图解答是一样的：“欲知次衡径，倍而增内衡之径。二之以增内衡径，得三衡径。次衡放（仿）此。”翻译一下就是：将日行轨道按照季节划分成7个同心圆，内衡的直径为 a_1 万里，两衡间距为$\frac{d}{2}$万里，则次衡的直径 $a_2=a_1+2\times\frac{d}{2}=a_1+d$，

以此类推，其他衡的直径分别为：

$a_3=a_1+2d$，$a_4=a_1+3d$，$a_5=a_1+4d$，

$a_6=a_1+5d$，$a_7=a_1+6d$，

咱国家的古代数学家很早就发现了这种求通项公式的方法。我们同学们也能讨论出来，很会归纳猜想！跨越千年，思想方法同频共振，是不是有一种很奇特的感觉？

【设计意图】

通过对课前引入的七衡六间图的细致解读，一方面向学生渗透数学史，让学生感受古人智慧，激发其爱国热情；另一方面通过对古人所使用的数学方法的分析，增强学生学习数学的信心。

4. **典例分析，知识应用**

例1 (1) 已知等差数列 $\{a_n\}$ 的通项公式为 $a_n=5-2n$，求 $\{a_n\}$ 的公差和首项；

(2) 求等差数列8，5，2，…的第20项。

解：(1) 当时 $n\geqslant2$，由 $\{a_n\}$ 的通项公式 $a_n=5-2n$，可得 $a_{n-1}=5-2(n-1)=7-2n$。

于是 $d=a_n-a_{n-1}=(5-2n)-(7-2n)=-2$。

把 $n=1$ 代入通项公式 $a_n=5-2n$，得 $a_1=5-2\times1=3$。

【设计意图】

通过对等差数列的通项公式的简单应用，帮助学生理解公式所涉及的几个基本量 a_1，d，n，a_n 之间的关系，通过对通项公式的正用、逆用、变用，发展学生逻

所以 $\{a_n\}$ 的公差为-2，首项为3。

(2) 由已知条件，得 $d=5-8=-3$。

把 $a_1=8$，$d=-3$ 代入 $a_n=a_1+(n-1)d$，得 $a_n=8-3(n-1)=11-3n$。

把 $n=20$ 代入上式，得 $a_{20}=11-3\times 20=-49$。

所以，这个数列的第20项是-49。

例2　-401 是不是等差数列 -5，-9，-13，…的项？如果是，是第几项？

解：由已知，$a_1=-5$，$d=(-9)-(-5)=-4$，

数列的通项公式为 $a_n=-5+(n-1)\times(-4)=-4n-1$。

由 $-4n-1=-401$，得 $n=100$，

所以，-401 是这个数列的项，是第100项。

师：通过上面两个例题，你们发现等差数列通项公式可以做什么？

【预设一】：通项公式可求出数列所有项。

【预设二】：通项公式可与等差数列的定义结合，先由通项公式求出 a_{n-1} 后，再由定义求得公差 $d=a_n-a_{n-1}$，特别地，可以通过等差数列前两项计算得出等差数列的公差。

【预设三】：可通过通项公式判断某个数是否为该数列的项。

师：同学们的回答很丰富。事实上，等差数

辑推理和数学运算的核心素养。

列的通项公式中有四个基本量 a_1，d，n，a_n。我们可以利用这些基本量建立代数关系式，例如方程、方程组来解决问题。请问，四个基本量需要已知几个才能求其他?

生：知 3 求 1。

师：很准确，下面我们挑战一下最古老的数学著作之一《莱因德纸草书》中的一道题。

例 3　最古老的数学著作之一《莱因德纸草书》中有这么一道题：把 100 个面包分给 5 个人，使每人所得成等差数列，且使较大的三份之和是较小的两份之和的三倍，则最小的一份是多少?

【预设一】：设五个人分得的面包分别为 a_1，a_1+d，a_1+2d，a_1+3d，a_1+4d（其中 $d>0$），由题意列方程组得：

$$\begin{cases} a_1+(a_1+d)+(a_1+2d)+(a_1+3d)+(a_1+4d)=100, \\ (a_1+2d)+(a_1+3d)+(a_1+4d)=3[a_1+(a_1+d)], \end{cases}$$

解得 $a_1=10$，$d=5$，则最小的一份为 10。

【预设二】：设五个人分得的面包分别为

$a-2d$，$a-d$，a，$a+d$，$a+2d$（其中 $d>0$），

则 $(a-2d)+(a-d)+a+(a+d)+(a+2d)=100$，

$\therefore a=20$，

又 $a+(a+d)+(a+2d)=3[(a-2d)+(a-d)]$

得，$12d=3a$，$\therefore d=5$，则最小得一份为 $a-2d=10$。

师：同学们用到了不同的假设方式，第一种方法通过解二元一次方程组得结果，第二种方法

【设计意图】

通过两种设法来解决最古老的数学著作之一《莱因德纸草书》中的一个问题，进一步加深学生对等差数列通项公式的理解与应用，也用到了方程思想和等差数列的对称性，发展学生逻辑推理和数学运算的核心素养，为后面学习等差数列的性质做铺垫。

通过巧妙的对称假设，将计算简化。这种对称设法也是我们以后常用的方法。

5. **知识归纳，课堂小结**

师：本节课你学到了哪些知识？

生：学习了等差数列的概念和通项公式。

师：本节课运用了哪些思想方法？

生：累加法、归纳法以及从特殊到一般的思想、方程思想。

（二）板书设计

等差数列	三、典例分析
一、等差数列的定义：	例 1
二、等差数列的通项公式：	例 2
归纳法	例 3
累加法	四、归纳小结

（三）学习评价（后测）

为进一步探索融合信息技术的新型教与学模式，充分利用信息技术优势，借助网络平台开展课堂后测，对学生的学习情况进行整体评价，达到教学评一致性。以下是后测题设计。

“等差数列”课堂后测

1. 若等差数列 $\{a_n\}$ 的前三项分别是 $a-1$，$a+1$，$a+3$，则该数列的通项公式为（　　）。

A. $a_n=2n-3$　　　　B. $a_n=2n-1$

C. $a_n=a+2n-3$　　　　D. $a_n=a+2n-1$

2. 已知 $\{a_n\}$ 是等差数列，且 a_2+1 是 a_1 和 a_4 的等差中项，则 $\{a_n\}$ 的公差为（　　）。

A. 1　　B. 2　　C. -2　　D. -1

3. 已知在等差数列 $\{a_n\}$ 中，a_2 与 a_6 的等差中项为 5，a_3 与 a_7 的等差中项为 7，则数列 $\{a_n\}$ 的通项公式为（　　）。

A. $a_n=2n$　　　　B. $a_n=2n-1$

C. $a_n=2n-1$　　　　D. $a_n=2n-3$

4. 在等差数列 $\{a_n\}$ 中，已知 $a_1=2$，$a_2+a_3=13$，则 $a_4+a_5+a_6$ 的值为（　　）。

A. 40　　B. 42　　C. 43　　D. 45

（四）作业设计

第一，必做题。

1. 教材 P15 练习第 1—5 题。

练习

1. 判断下列数列是否是等差数列．如果是，写出它的公差．

(1) 95，82，69，56，43，30；

(2) 1，1.1，1.11，1.111，1.111 1，1.111 11；

(3) 1，-2，3，-4，5，-6；

(4) 1，$\frac{11}{12}$，$\frac{5}{6}$，$\frac{3}{4}$，$\frac{2}{3}$，$\frac{7}{12}$，$\frac{1}{2}$．

2. 求下列各组数的等差中项：

(1) 647 和 895；　　(2) $-12\frac{1}{3}$ 和 $24\frac{3}{5}$．

3. 已知 $\{a_n\}$ 是一个等差数列，请在下表中的空格处填入适当的数．

a_1	a_3	a_5	a_7	d
-7		8		
	2			-6.5

4. 已知在等差数列 $\{a_n\}$ 中，$a_4+a_8=20$，$a_7=12$．求 a_4．

5. 在 7 和 21 中插入 3 个数，使这 5 个数成等差数列．

第四章　数列　15

2. 观察等差数列的通项公式，你认为它与我们熟悉的哪一类函数有关？

3. 我们在例 3 的预设二中，运用到了对称性，你能用数学符号语言表述这种对称性吗？

第二，选做题。

已知一个无穷等差数列 $\{a_n\}$ 的首项为 a_1，公差为 d。

(1) 将数列中的前 m 项去掉，其余各项组成一个新的数列，这个新数列是等差数列吗？如果是，它的首项和公差分别是多少？

(2) 取出数列中的所有奇数项，组成一个新的数列，这个新数列是等差数列吗？如果是，它的首项和公差分别是多少？

(3) 取出数列中所有序号为 7 的倍数的项，组成一个新的数列，它是等差数列吗？你能根据得到的结论作出一个猜想吗？

八、设计思想

《普通高中数学课程标准（2017 年版 2022 年修订）》中界定，数学核心素养是数学课程目标的集中体现，是具有数学基本特征的思维品质、关键能力以及情感、态度与价值观的综合体现，是在数学学习和应用的过程中逐步形成和发展的。高中阶段是学生发展的一个重要的阶段，在这个阶段的教学中加强对学生数学核心素养的培养，对于促进学生全面发展具有重要作用。

本节课的设计遵循“有效教学理念”，立足核心素养，从两个方面开展有效教学。

（一）数学史融入数学教学

本节课在情境引入生成概念、通项公式的推导、公式的应用等环节都借用了数学史。通过讲数学故事——历史上人们对等差数列的应用，经历与古代数学家跨越千年对同类问题的思考——通项公式的归纳法和历史上七衡六间图上的方法，挑战数学著作中的计算题——解最古老的数学著作之一中的一道题这些活动，激发学生的学习兴趣，提高学生的数学核心素养。这也开阔了学生视野，使学生形成对中华优秀传统文化的认同感，培养学生的爱国主义精神，落实“立德树人”根本任务。

（二）问题引导、巧搭支架

高中数学具有一定的难度。在教学过程中，基于学生的最近发展区，要逐步给学生提供合适的提示，也就是搭建支架，使学生借助支架，循序渐进地发现和解决学习中的疑难。本节课在设计中，一方面创设情境，给出支架问题，引导学生在问题情境中展开独立性探索；另一方面，引导学生根据教师提供的支架问题，协作探究，互相交流，攻克难点。

基于核心素养的数学概念教学，应当坚持以学生为主体、教师为主导的原则，让学生经历通过生活实例构建数学模型的过程，进一步理解数学概念的本质，从而激发学生学习兴趣，发展学生的核心素养，实现有效教学。

吴倩，武汉大学附属中学老师，中学数学一级教师。“湖北五一劳动奖章”获得者、湖北省青年教学能手、湖北省高中数学竞赛优秀教练员、武汉市优秀青年教师、区数学学科带头人、区教育教学能手、区教学常规先进个人，曾获湖北省青教赛一等奖、湖北省青年教师专业发展论文征集活动一等奖、武汉市中学数学教学研究论文评比一等奖、武汉市五项技能竞赛二等奖等。

科学组织教学活动　发展数学核心素养

——“有理数的加法（第一课时）”教学设计

武汉市第一初级中学　周静秋

一、内容和内容解析

1. 内容

有理数的加法法则。

2. 内容解析

加法运算伴随着数学学习的全过程，不同的学段，加法运算的对象在发生变化。就第一章而言，有理数的加法是本章的一个重点。有理数这一章分为两大部分——有理数的有关概念和有理数的运算。有理数的有关概念是有理数运算的基础，在有理数范围内进行的各种运算中，加、减法可以统一成为加法，因此加法运算是本章的关键，而加法又是学生接触的第一种有理数运算，学生能否接受和形成在有理数范围内进行的各种运算的思考方式（确定结果的符号和绝对值），关键在于这一节的学习。

有理数加法法则是一种规定。为了让学生理解规定的合理性，教材利用学生已有的生活经验和数学基础，让学生经历借助数轴将两次运动的过程和结果直观地呈现出来，并转换成数学式子的过程，同时在此基础上，分析和归纳出加法法则。

基于以上分析，确定本节课的教学重点：理解有理数加法法则规定的合理性，运用有理数加法法则进行运算。

二、目标和目标解析

1. 目标

(1) 掌握有理数加法法则。

(2) 会用有理数加法法则进行运算。

(3) 经历建立数学模型和概括、归纳数学结论的过程。

2. 目标解析

达成目标 (1) 的标志：能够通过实际情境的结果理解有理数加法法则的合理性，在教师的引导下，经历加法法则的形成过程，并用简练的文字语言归纳法则。

达成目标 (2) 的标志：会计算两个有理数的和。

达成目标 (3) 的标志：在教师的引导下通过思考、探究有理数加法法则，经历建立数学模型和概括、归纳数学结论的过程。

三、教学问题诊断分析

有理数加法是小学学过的加法运算的拓展，学生已经具有了正数、负数、数轴和绝对值等知识储备。而有理数加法是通过分析两个有理数相加时可能出现的各种不同情况，再归纳出三种不同情况得到的。由于学生的思维发展水平和知识准备的限制，在分情况讨论、应分成哪几种情况、如何归纳不同情况等方面都需要教师的引导。

有理数加法的对象有多种，有理数加法法则表述比较复杂，特别是异号相加，实质是在做绝对值的减法运算，这些规则学生理解起来有些困难。

基于以上分析，确定本节课的教学难点：异号两数相加法则的理解与应用。

四、教学过程设计

1. 回忆旧知，初探新知

问题 1　小学时我们学过哪些数的加法？

问题 2　引入负数后，加法有哪几种情况？引入负数后，怎样进行加法运算呢？

师生活动：教师提出问题，学生先独立思考，然后互相讨论，形成答案。

学生：学过整数的加法、小数的加法、分数的加法。

教师：实质上它们都可以归为正数与正数相加，正数与 0 相加以及 0 与 0 相加。

引入负数后，加法还有负数与负数相加，负数与正数相加，负数与 0 相加。也就是运算范围拓展到了有理数范围。

【设计意图】

让学生感受引入新数后，相应地就要研究新的运算，并根据已有经验，列出有理数加法的所有可能情况。在这个过程中，体会分类、枚举等数学思想方法，为后面加法法则的归纳提供基础。

2. 思考探究，概括法则

问题 3　如果物体向右运动 5 m，再向右运动 3 m，那么两次运动的最后结果是什么？可以用怎样的算式表示？

师生活动：

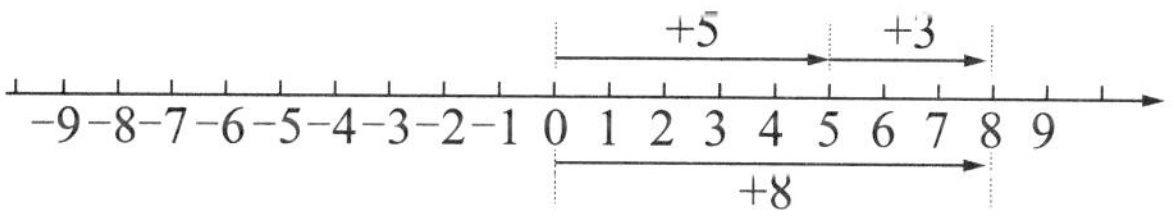

教师引导学生用数轴和算式两个数学工具描述两次运动的结果，学生独立思考，动手画图，列算式。

【设计意图】

首先给学生提供的情境是学生容易理解的同向运动，都是正方向的，这体现了“教师教学应该以学生的认知发展水平和已有的经验为基础”的课程理念。

数轴是抽象实际情境的工具，我们可以从数与形两个方面对同一实际情境进行描述。

强调运算结果是运动结果的一个翻译，为后面写运算的结果作铺垫。

问题4　如果物体向左运动 5 m，再向左运动 3 m，那么两次运动的最后结果是什么？可以用怎样的算式表示？

师生活动：

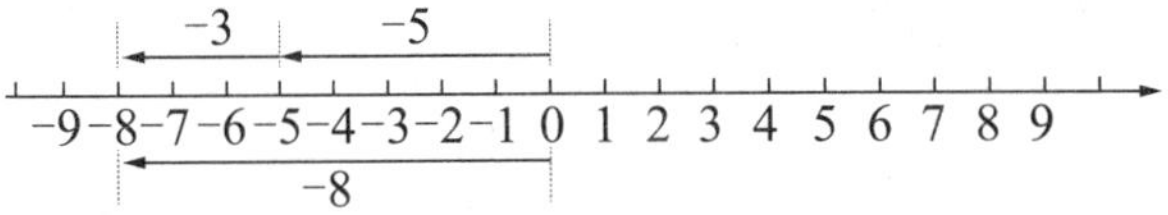

教师引导学生用数轴和算式两个数学工具描述两次运动的结果，学生独立思考，动手画图。教师引导学生列算式。

虽然是负数，但两次运动的方向是一致的，学生容易用加法算式来描述。这时教师要引导学生关注这里的负号的含义，是性质负号，而不是运算符号，体会负数在加法运算中与正数处于同等地位。

【设计意图】

这里的结果是－8，不是学生计算出来的，而是学生根据实际生活经验得出的，我们就是要从这些实例中归纳抽象出有理数加法法则。一方面列举同号相加的两种情况，为归纳法则做准备；另一方面，进一步体会负数和有理数加法的意义，为后面做铺垫，分化难点。“负数”＋“负数”的情况与“正数”＋“正数”的情况完全类似，由学生模仿解决，既巩固新学的方法，又加深他们对法则的理解。

问题5　从上面得到的算式，我们可以归纳怎样的运算法则？

师生活动：教师提问，学生回答，引导学生概括出两个结论。一是上面两个算式的共同点，同号两数相加；二是确定运算的结果，分为确定符号和确定绝对值两个方面。

【设计意图】

从具体的算式到一般的结论，需要经历一个归纳、概括的过程，这一过程在教师的引导和学生的思考、回答中完成。这体现了“教学活动是师生积极参与、交往互动、共同发展的过程”的课程理念。

问题6　(1) 如果物体向左运动 3 m，再向右运动 5 m，那么两次运动的最后结果是什么？可以用怎样的算式表示？

(2) 如果物体向右运动 3 m，再向左运动 5 m，那么两次运动的最后结果是什么？可以用怎样的算式表示？

教师追问：为什么结果有正有负？结果和哪个加数的符号一致？“2”是怎么来的？

师生活动：

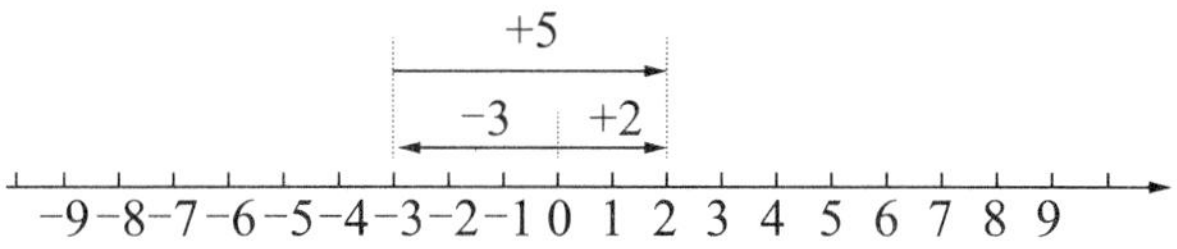

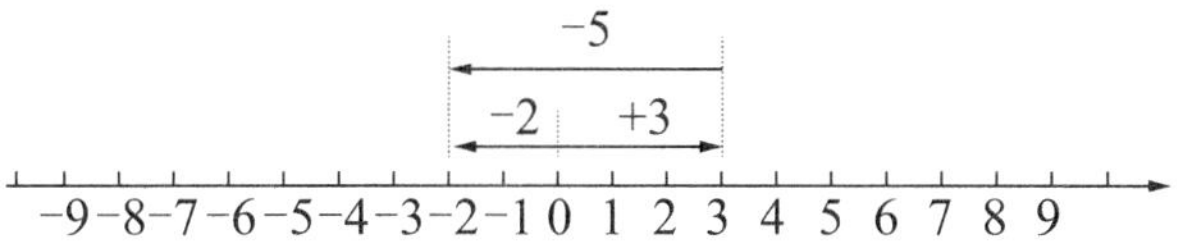

这两个问题由学生自主探究完成，教师要求学生画数轴，列算式，写结果。经过一定时间的自主探究后，小组内部交流。教师走进各小组，参与学生的讨论，引导学生形成、强化对有理数加法的意义的理解。

【设计意图】

这三个问题选择让学生自主探究，合作交流，教师指导的教学形式，旨在暴露学生对有理数加法意义认知上的模糊，通过小组交流和教师引导，纠正部分学生的错误认知。这体现了“学生学习应当是一个生动活泼的、主动的和富有个性的过程”的课程理念。

问题 7　从上面得到的算式，我们可以归纳怎样的运算法则？

师生活动：学生模仿同号两数相加的归纳方法，概括出三点。一是加数特征：异号；二是和的符号：取绝对值较大的加数的符号；三是和的绝对值：用较大的绝对值减去较小的绝对值。

教师追问：利用上述结论，可以解决下列问题吗？

如果物体向右运动 5 m，再向左运动5 m，那么两次运动的最后结果是什么？可以用怎样的算式表示？

师生活动：

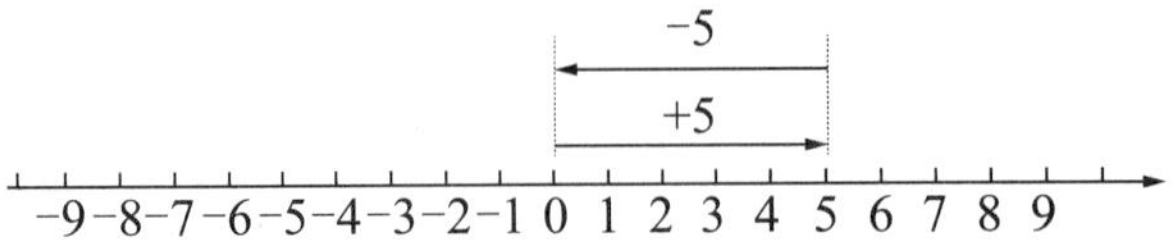

学生分析，要解决此问题就是要计算（＋5）＋（－5），而上述结论无法解决，引发学生的认知冲突，再由学生借助数轴解决问题。

问题 8 从上面得到的算式和结果，我们可以归纳怎样的运算法则？

师生活动：由学生合作探究，归纳异号两数相加的法则。学生将同号两数相加的归纳经验迁移到这里来，深刻理解从符号和绝对值两个角度概括的合理性。

问题 9 如果物体第一次向右（或向左）运动 5 m，第二次原地不动，那么两次运动的最后结果是什么？用算式怎样表示？

通过以上探究我们能不能总结完整的有理数加法法则？请用文字描述法则。

师生活动：

有理数的加法法则如下。

(1) 同号两数相加，取相同的符号，并把两数的绝对值相加。

(2) 绝对值不相等的异号两数相加，取绝对值较大的加数的符号，并用较大的绝对值减去较小的绝对值。互为相反数的两个数相加得 0。

(3) 一个数同 0 相加，仍得这个数。

【设计意图】

通过物体在两个时间段后的运动结果，其中在一个时间段不运动，引出与 0 相加的情况。

虽然通过探究，学生已经归纳了有理数加法法则，但学生的表述各有不同，教材中的表述是经过反复打磨的、简练的表述。教师请学生们朗读法则，是要学生学习教材规范、简练的表述，并要求学生背诵有理数加法法则。

在探究有理数加法法则的过程中，让学生体会从特殊到一般、从具体到抽象的研究过程和方法，使学生既学会发现，又学会归纳、概此活动由学生自主完成，最后在教师的引导下总结有理数加法法则。

括，从而逐步提高学生的思考力。

3. 举例示范，巩固新知

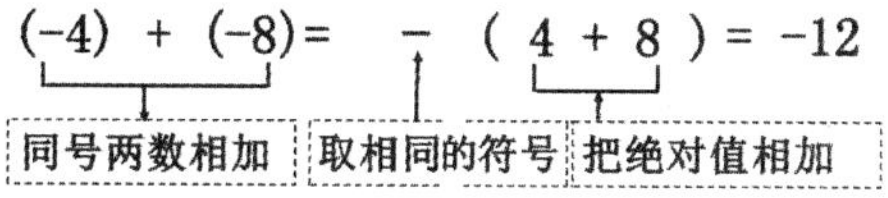

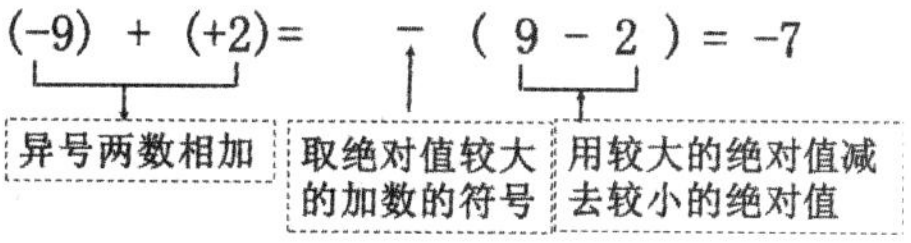

例1　计算：

(1) $(-3)+(-9)$；(2) $(-4.7)+3.9$；

(3) $0+(-7)$；(4) $(-9)+(+9)$。

师生活动：教师强调运算的要点，先确定和的符号，再确定和的绝对值。由学生独立完成。

【设计意图】

加深学生对有理数加法法则的理解。

4. 随堂练习，形成技能

第1题　用算式表示下面的结果：

(1) 温度由 -4 ℃上升到 7 ℃；

(2) 收入7元，又支出5元。

第2题　口算：

(1) $(-4)+(-6)$；　(2) $4+(-6)$；

(3) $(-4)+6$；　(4) $(-4)+4$；

(5) $(-4)+14$；　(6) $(-14)+4$；

(7) $6+(-6)$；　(8) $0+(-6)$。

第3题　计算：

(1) $15+(-22)$；　(2) $(-13)+(-8)$；

(3) $(-0.9)+1.5$；　(4) $\frac{1}{2}+\left(-\frac{2}{3}\right)$。

第4题　请你用生活实例解释 $5+(-3)=2$，$(-5)+(-3)=-8$ 的意义。

师生活动：第1、2题，请学生快速抢答，第

【设计意图】

第2、3题旨在巩固法则，形成技能，第4题让学生体验用有理数加法描述实际情境，理解有理数加法的意义，理解有理数加法法则的合理性。

3 题请学生板演。第 4 题在学习小组中讨论，小组派代表分享。

5. 归纳总结，梳理新知

回顾本节课所学内容，回答以下问题：

(1) 有理数的加法法则是什么？你是怎么理解这一法则的？

(2) 我们通过生活实例，借助数轴讨论了有理数加法法则，其中使用了哪些思考方法？

【设计意图】

让学生梳理本节课知识框架，并说出自己的理解；让学生体会分类讨论，从特殊到一般的研究问题方法和数学模型、概括、归纳等数学思想。

6. 布置作业，内化新知

教科书第 24 页，习题 1.3，第 1 题；第 26 页，第 8 题、第 9 题。

思考：你能将 -4，-3，-2，-1，0，1，2，3，4 这 9 个数分别填入下图幻方的 9 个空格中，使得处于同一横行，同一竖列，同一斜对角线上的 3 个数相加都相等吗？

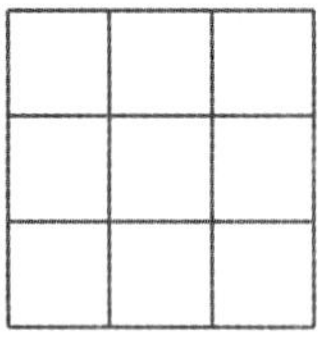

【设计意图】

作业分层布置，照顾到全体学生；九宫格问题，数的范围扩大到有理数范围后就有一定的难度，激发学生挑战的意识。

7. 设计思想

本节课的教学设计以问题情境和学习任务为驱动，以建构主义理论为依据，教学过程中，教师不把现成的结论和方法直接告诉学生，而是引导学生在独立思考、自主探究的基础上归纳结论，激发学生的探索精神和求知欲望。

在处理教材的引例时，引导学生观察、讨论并进行探究，把点的左右运动的过程用有理数的加法算式来表示，将运动问题转化为数学问题，这是一个培养学生数学抽象思维的过程，也是一个渗透数学建模能力的过程；在小结有理数加法法则的过程中，引导学生发现加数的符号、绝对值与和的符号、绝对值的关系，培养了学生的数据分析能力；通过充分的课堂练习，引导学生利用有理数加法法则解决问题，培养了学生的数学运算能力。在探究有理数加法法则的过程中，引导学生小结了数形结合和分类讨论的数学思想方法，不断引导学生用数学视角来分析和解决问题。

整节课建立在学生已有的加法知识的基础上，创设情境，引导学生开展观察特点、类比归纳、讨论交流等探究活动，在活动中向学生渗透分类归纳、数形结合的数学思想，以及由具体到抽象、由特殊到一般的研究方法。

学生在归纳有理数加法法则过程中认识数学的抽象性、严谨性，养成认真勤奋、独立思考等学习习惯，形成严谨求实的科学态度。

周静秋，中共党员，中学一级教师。获评“全国五一劳动奖章”、“湖北五一劳动奖章”、湖北省青年教学能手、武汉市中学数学学科带头人。作为武汉一初的数学教学骨干，她勤于学习，善于思考，精于钻研，注重理论与实践结合，敢于突破与创新，追求学生成绩与素养的同步提高，形成了自己独特的教学个性与风格，深受学生欢迎与好评。曾获全国中小学青教赛一等奖第一名，湖北省青教赛一等奖第一名，湖北省初中数学优质课评比一等奖，武汉市初中数学优质课评比一等奖等殊荣，教学成绩显著。

从具体到抽象　播下代数之种

——“用字母表示数”教学设计

武汉市十一初级中学　汪　帆

一、教材分析

本节课是人教版七年级上册第二章整式的第一节课，内容属于“数与代数”领域，是在学生已经了解了用字母表示数、简单的列式表示实际问题中的数量关系和简易方程的基础上，进一步研究用含有字母的式子（整式）表示实际问题中的数量关系。整式是初中数学的重要概念，是今后学习分式、二次根式、方程以及函数等知识的基础。理解用字母表示数的意义，正确分析实际问题中的数量关系，并用整式表示数量关系，是学习一元一次方程的重要基础。用含有字母的式子表示数量关系，体现了由特殊（具体）到一般（抽象）的数学思想，对发展学生的符号意识具有重要意义。

本节课的核心内容是进一步理解用字母表示数的意义，正确分析实际问题中的数量关系并列式表示。由于用字母表示，字母可以和数一样参与运算，这正是理解用整式表示数量关系的核心。用含有字母的式子表示数量关系时，需要结合具体情况，分析问题中的数量，寻找数量之间的关系，并依据数量关系用运算符号把数和表示数的字母连接起来。

张景中院士说，代数比算术高明，高明在一个“代”字上。用字母来代替数，会使我们打开眼界。用字母表示未知数，我们就有了解应用题的有力武器——方程。用字母表示任意数，我们就有了各种各样的公式、恒等式、不等式。“代”的方法用途很广。它可以把已知与未知联系起来，把普遍与特殊联系起来，把复杂的式子变得简单而易于观察，把平凡的事实弄得花样翻新便于应用。基于以上分析，确定本节课的教学重点：进一步理解用字母表示数的意义，正确分析实际问题中的数量关系，并用含有字母的式子表示数量关系，感受其中抽象的数学思想。

二、学情分析

在小学阶段，学生已经学过用字母表示数、简单的列式表示实际问题中的数量关系和简易方程，这些知识是学习本节课的基础。因此教学设计时，应注意它们与这些内容的联系。例如，一开始就提出问题：“列车在冻土地段行驶时，2 h 行驶的路程是多少？3 h 呢？t h 呢？”这个问题实际上让学生经历了一个由数到式的过程，体现了用字母表示数的意义，使学生感受式子中的字母表示数，为下面继续学习用式子表示数量关系提供思考方面的引导。另外列式表示数量关系要用到许多小学学过的内容，例如面积、体积公式。因此通过多举例子复习用字母表示数，并注意这个复习不是简单的重复，而是在复习的基础上有所提高，让学生充分体会字母的含义，逐渐熟悉用式子表示数量关系，理解字母可以像数一样进行运算，为学习整式的加减运算打好基础。

基于以上分析，确定本节课的教学难点：正确分析实际问题中的数量关系，用式子表示数量关系。

三、教学目标

1. 进一步理解用字母表示数的意义，会用含有字母的式子表示实际问题中的数量关系。

2. 经历用含有字母的式子表示实际问题中的数量关系的过程，体会从具体到抽象的认识过程，发展符号意识。

四、教学重点

1. 进一步理解用字母表示数的意义。

2. 正确分析实际问题中的数量关系，并用含有字母的式子表示数量关系，感受其中抽象的数学思想。

五、教学难点

正确分析实际问题中的数量关系，用式子表示数量关系。

六、教具、学具准备

教科书、PPT 课件、多媒体、翻页笔。

七、教学过程

1. 情景引入，小游戏

请任意写一个你喜欢的数，然后进行下列运算：

①将你写的数乘以 2；

②将这个积加上 30；

③将算得的和除以 2；

④将算得商减去你原来写的数。

我猜你算得的结果是 15。(PPT 显示结果 15)

师生活动：师生互动，教师营造本节课的学习氛围。教师提出问题，引发学生的思考。学生

【设计意图】

通过小游戏吸引学生的注意力，激发学习兴趣。在进行课堂问题引入时，应充分体现出教师的导（引导）与学生的学（学习）；教师设疑，学生独立自主思考，可以让学生阅读问题，在阅读中引发思考，有时也可以通过做，比如，让学生经历观察、思考、

看和听教师的问题，进行独立思考，学生通过思考与计算得出问题的答案，教师再追问，引导学生进行深度学习，引出核心内容。

归纳等过程，通过“做”，观察“做”的结果；这样通过具体问题将本课的学习建立在学生实际能力和知识储备上（也就是生长点上）。

2. 课堂探究，学习新知

活动一

师：同学们，让我们来欣赏几幅图片。

伟大的铁路工程——青藏铁路，于 2006 年 7 月 1 日建成通车，实现了几代中国人梦寐以求的愿望，青藏铁路是世界上海拔最高、线路最长的高原铁路。

青藏铁路线上，在格尔木到拉萨之间有一段很长的冻土地段。列车在冻土地段的行驶速度是 100 km/h。请填下表：

行驶时间/h	1	2	3	t
行驶路程/km				

【设计意图】

此为课本引例，通过图片介绍青藏铁路，激发学生的民族自豪感。此处对教材内容进行了一定程度的加工，以表格的形式让学生更直观地去感受字母可以像数一样参与运算以及感受使用式子的简洁性与一般性。利用问题串，引导学生自主探究，独立思考，合作探究。引导学生理解，如果知道两个量中的一个量，就可以通过对关系式的四则运算得到另一个量。在这样的过程中启发学生进一步感悟可以用字母表示数量关系，让学生

当行驶的速度为 v km/h，请填下表：

行驶时间/h	1	2	3	t
行驶路程/km				

思考：

1. 第一个表格中 $t=4.5$ h 时行驶的路程是多少？

2. 式子 $100t$ 的实际意义是什么？

3. 你能用含有字母的式子表示出路程与时间、速度的关系吗？

师生活动：教师展示 PPT 并提问，学生回答问题，教师点评，并引导归纳。用字母表示时间、速度时，字母可以像数一样参与运算，并且式子可以简明表示列车行驶的路程与时间、速度的关系。当然我们在书写的时候也一定要养成良好的书写习惯，像 $100t$ 和 vt 这样，数与字母、字母与字母相乘，通常将乘号写作“·”或者省略不写。

初步经历通过具体数值的计算归纳一般关系的过程。

①通过问题串，启发和引导学生进行教学内容的探究；

②引导学生利用推理（归纳、类比）等方式，思考解决问题；

③借助（辅助工具），丰富呈现方式的多样性，更直观、生动地呈现学习内容，降低思维的复杂性（难度），从而提升教学效果。

活动二

师：接下来，我们再来看几个用字母表示数的例子。

例 1　用含有字母的式子表示下列数量：

(1) 苹果原价是每千克 p 元，按 8 折优惠出售，用式子表示现价；

(2) 某产品前年的产量是 n 件，去年的产量是前年产量的 m 倍，用式子表示去年的产量；

(3) 一个长方体包装盒的长和宽都是 a cm，

【设计意图】

熟悉用含有字母的式子表示实际问题中的数量关系，理解字母表示数可以像数一样参与运算，为形成单项式的概念进行铺垫，在用数学符号表示数量关系中，感受其中抽象的数学思

高是 h cm，用式子表示它的体积；

（4）用式子表示数 n 的相反数。

教师追问：你能再赋予 $0.8p$ 一个新的含义吗？

师生活动：学生讨论并回答问题，教师点评并适时追问。

教师追问：请同学们想一想，议一议，在前面的问题中 $0.8p$ 表示现价，你能再赋予式子 $0.8p$ 一个新的含义吗？请同学结合我们的生活实际，发挥想象力，跟你的同桌一起讨论交流。

教师引导学生归纳总结列式注意事项：

①数与字母、字母与字母相乘时省略乘号，数与字母相乘时数字在前；

②出现多个字母时，字母按照 26 个字母顺序排列；

③相同字母相乘时应写成幂的形式；

④1 或 −1 与字母相乘时，1 通常省略不写；

⑤式子中出现除法运算时，一般用分数线代替除号，带分数与字母相乘时，把带分数化成假分数。

课堂练习：学生独立思考，将结果写在练习本上。

练习 1：判断下列式子书写是否规范，不规范的请改正。

$x\times y$　$2\frac{5}{6}ab$　$-1n$　x^3　$m\div 3$

想。追问部分让学生体会同一个式子可以表示不同含义。通过归纳进一步强化学生的书写意识，在用数学符号表示数量关系中，感受其中抽象的数学思想。

【设计意图】

强化学生的书写，在用数学符号表示数量关系中，进一步感受其中抽象的数学思想。

师生活动：学生独立完成练习，教师点评。

活动三

【设计意图】

进一步熟悉用含有字母的式子表示实际问题中的数量关系，体会字母的含义，进一步理解字母可以和数字一样参与运算，为形成多项式的概念进行铺垫。

师：下面我们看例2。

例2 （1）一条河的水流速度是2.5 km/h，船在静水中的速度是 v km/h，用式子表示船在这条河中顺水行驶和逆水行驶时的速度；

提示：

顺水行驶时，船的速度＝船在静水中的速度＋水流速度；

逆水行驶时，船的速度＝船在静水中的速度－水流速度。

（2）买一个篮球需要 x 元，买一个排球需要 y 元，买一个足球需要 z 元，用式子表示买3个篮球、5个排球、2个足球共需要的钱数；

（3）如左下图（图中长度单位：cm），用式子表示三角尺的面积；

（4）右下图是一所住宅的建筑平面图（图中长度单位：m），用式子表示这所住宅的建筑面积。

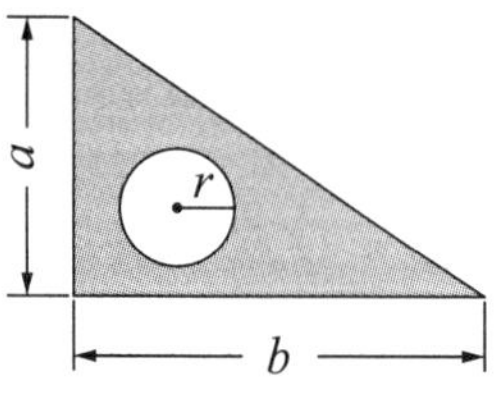

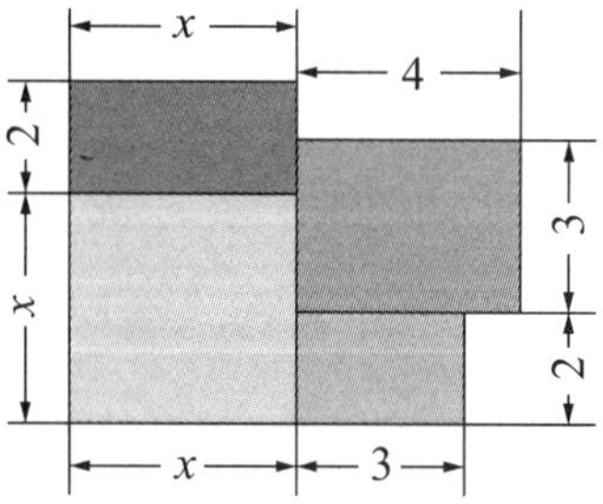

师生活动：学生先独立思考，后讨论交流，

教师点评，引导学生归纳。列式就是把实际问题中与数量有关的语句，用含有数、字母和运算符号的式子表示出来，也就是把文字语言转化为符号语言。①要抓住关键词语，明确它们的意义以及它们之间的关系，如和、差、积、商及大、小、多、少、倍、分、倒数、相反数等；②厘清语句层次，明确运算顺序；③牢记一些概念和公式。

课堂练习：学生通过练习，进一步熟悉用字母表示数。学生独立思考，认真完成练习题，将结果写在练习本上。

【设计意图】

通过课堂练习巩固本节学习内容。

练习 2：填空

（1）全校学生总数是 x，其中女生占总数的 52%，则女生人数是________，男生人数是________；

（2）在一个大正方形铁片中挖去一个小正方形铁片，大正方形的边长是 a mm，小正方形的边长是 b mm，剩余部分的面积用式子表示为________ mm^2；

（3）一个两位数，十位上的数字为 a，个位上的数字为 b，则这个两位数为________。

师生活动：学生独立完成练习，教师点评。完成了的学生举手。公布结果，请（学生）拿出红笔自批自改。全部都做对了的学生举手。

活动四

游戏揭秘与课堂小结。

【设计意图】

游戏揭秘与前面的

1. 思考课前老师是怎么猜出计算结果的。

2. 用字母表示的数有什么意义?

3. 用含有字母的式子表示数量关系时,要注意什么?

师:大家还记得课前的小游戏吗?有哪位同学能通过这节课学习到的知识来进行游戏揭秘呢?由于字母和数一样可以参与运算,我们不妨用字母 x 来表示我们刚刚写下来的那个数,这样乘以 2 以后结果为 $2x$,加 30 以后结果为 $2x+30$,除以 2 以后结果为 $x+15$,最后又减去 x。所以尽管同学们写下来的数各不相同,最后算得的结果都会是 15!

小游戏首尾呼应;通过小结,梳理本节课所学内容和研究方法,突出本节课的核心,培养学生养成及时梳理反思的习惯,反思过程不仅是学生学习过程的内化,更重要的是一种提高和发展自我的过程。

活动五

布置作业。

1. 完成教科书 56 页练习 1、练习 2。

2. 预习单项式的有关内容。

【设计意图】

通过作业 1 使学生巩固本节课所学知识,通过作业 2 的预习,让学生将前后知识联系到一起,加深印象。

板书设计

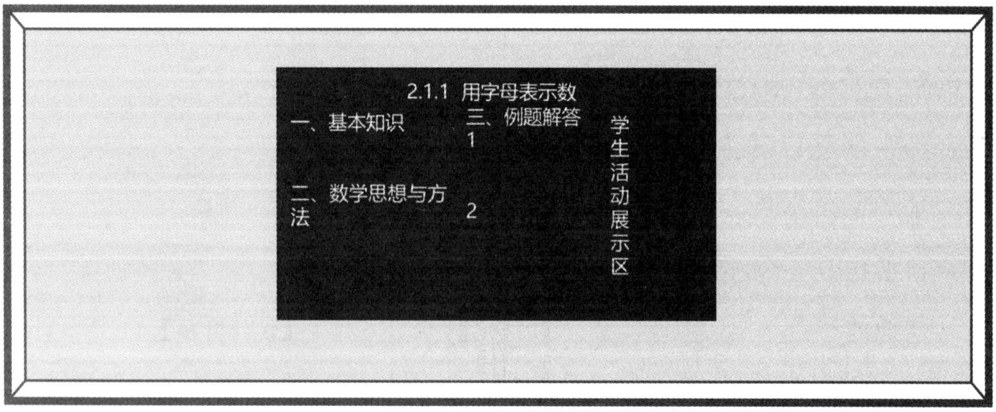

八、设计思想

通过用字母表示数以及用字母表示数量关系，渗透从特殊到一般、一般到特殊、模型的思想，引导学生知识领域的延伸。通过找出解决问题的方法，体会用字母表示数是数学中学习的一大进步。教学中要通过大量的学生熟悉的实际问题，有针对性地进行引导，充分展示分析数量关系并列式的过程，使学生积累感性认识，丰富学习体验，培养学生解决实际问题的能力。

汪帆，武汉市十一初级中学数学教师，曾获湖北“青年教学能手”、“教师五项技能比赛”特等奖、“武汉市优质课比赛”市一等奖、湖北省第七届青教赛一等奖第一名、“湖北五一劳动奖章”、第三届全国青教赛国家二等奖等荣誉。

灵心澈悟，即知即行

——“The Night The Earth Didn't Sleep”

英语阅读教学设计

武汉市光谷汤逊湖学校　聂巧云

教学理论框架：

此教学设计以《普通高中英语课程标准（2017 年版 2022 年修订）》为引领，以英语学习活动观和教、学、评一体化为两大原则。新课标要求教师要整合课程的六要素，以主题为引领，以语篇为依托，将语言知识学习、文化内涵理解、语言技能发展和学习策略应用融合在学习理解、应用实践、迁移创新相互关联的语言与思维的活动中。

一、教材分析

这篇阅读短文摘自人民教育出版社出版的普通高中教科书《英语》必修第一册的第四单元。本单元以自然灾害为主题，单元主题图片呈现的是一群解放军战士运送伤员的感人画面，并附有 2016 年联合国世界减灾日的活动主题——用生命呼吁：增强减灾意识，减少人员伤亡。本单元第一课时通过听新闻，了解各个国家的自然灾害并完成模拟播报自然灾害，而这节阅读课出现在本单元的第二课时。

[**What**]　第二课时“The Night The Earth Didn't Sleep”是一篇关于唐山大地震的报告文学，文章按照时间顺序描述唐山大地震震前乡村出现的能听到、看到的异常现象，地震发生时的惊人场景，灾难过后给建筑、交通、

生活供给和生命带来的破坏，以及地震后政府和各行各业的人民齐心协力重建家园的场景。

［**Why**］　这样的天灾让我们敬畏自然，然而人们身处绝境但绝不放弃的生存意志也让我们能够克服困难。通过本文的学习，我们能了解到人们能够重建家园、城市能够恢复生机的根本原因是我们的国家力量和人民团结。

［**How**］　本文按照时间顺序展开，明线是按照时间先后描述地震前的征兆、地震造成的悲惨后果以及地震后紧张的救援工作，暗线则是处于灾难中的人们在地震前后的情感变化。基于前一课时的听力新闻语篇，本篇报告文学对自然灾害的描述更细致深刻，更能体现作者情感。两者相比较，兼具纪实性，但后者更具文学性。本文使用了大量数据，体现了报告文学的纪实性，同时也使用了大量的写作手法，比如拟人、明喻、重复等，让文章更具画面感，让读者身临其境地体会唐山大地震给人带来的危害，体会“灾害无情，人有情”的思想感情。

基于这一课时，第三课时的语法——定语从句使用了大量的本文素材为语境，第四课时也基于唐山大地震这一话题，延伸出如何在地震前后采取防范措施的话题。

综上所述，整个单元以自然灾害为话题，层层深入，螺旋上升，这一课时起着承上启下的作用，既是在前一课时的基础上对某一自然灾害的后续深入描写，又是为后一课时谈论防范灾害措施做前提铺垫。因此，本课时在整个单元中扮演着重要的角色，既要让学生体会报告文学与前一课时新闻播报的异同，从中体会写作手法、作者情感，也要理顺文章结构，为后续课时中的写作以及谈论防范灾害的措施做好铺垫。

二、学情分析

首先，学生对汶川地震的了解使他们能够更好地参与这个话题中，并表达个人的想法。

其次，在本单元的第一课时中，学生已经掌握了一定数量关于自然灾害的英语词汇，这在一定程度上有助于他们理解新的篇章。但在上课之前，他们仍然需要理解一些关于地震的词语。

再次，他们在初中时已经学会了一些阅读技巧，但对文章的体裁——报告文学及其写作风格知之甚少。因此，理解文章中修辞和数据的使用将是教学重点。

最后，一小部分学生习惯了传统的教学方法，课堂上的合作探究和互评的方式将有助于提高学生的思维能力和沟通能力。

三、教学目标

在本课学习结束时，学生将能够做到以下几点。

(1) 根据标题和图片预测主题，通过略读得出每一段的大意，并根据事情发展的顺序将文章分为三部分。

(2) 梳理关于唐山地震前、中、后发生的事实性信息。

(3) 分析和谈论在文章中使用大量的数字对于描述地震的作用。

(4) 识别文中的拟人、重复、明喻的写作手法，并讨论回答其对于主题意义的关联。

(5) 推断讨论唐山市复兴的真正原因，以及从中可以得到什么启示。

(6) 根据地震整个过程中人们的情绪变化绘制思维导图并展示、互评。

(7) 学生以文本为依托，模拟记者采访唐山大地震亲历者的对话。

四、学习重点和难点

1. 学习重点

学生可以根据时间顺序概括文章的结构，可以通过适当的阅读策略梳理地震前、中、后的事实性信息。同时，在理解文章的过程中学生通过讨论来赏析文中的修辞手法，理解数字背后的含义。

2. 学习难点

学生在读文章最后一部分时，总结人们克服自然灾害的真正原因；推断人们的情绪变化并绘制思维导图，从而达到对文本的深层次理解。

五、教学具准备

教材、多媒体课件、黑板、粉笔、学案。

六、教学过程

Before Reading

活动一：学生观看有关地震的视频和片段后，根据图片回答地震带来的危害。

师：You might have heard about Wenchuan, Tangshan earthquake on the Internet. Were they terrible? How terrible were they? Let's watch a video and after that tell me what may happen in a earthquake.

预：The town/city may lie in ruins.

The buildings may fall down.

Roads may crack.

Many people may be killed or severely injured.

The electricity may go down.

The water may be unsafe to drink.

【设计意图】

创设情境，引出主题，激活学生的背景知识，并在图片的帮助下，在语境中学习生词。

Fires may start.

During Reading

活动二：学生通过读文章标题和配图预测文章内容。

师：Today we will learn a new passage—"The Night The Earth Didn't Sleep". Why was it the night the earth didn't sleep? How do you know that?

预：The earth didn't sleep because of the earthquake. I figure it out according to the title and the picture.

师：The earth didn't sleep. Then why was the earth described as a person? Yes, the author used personification to show something terrible would happen.

【设计意图】

学生能够预测文本主要内容，形成阅读期待，并在标题中初步感知拟人的修辞手法。

活动三：学生读文章，通过略读，把握每个段落的大意并将文中五个段落按照时间顺序分为三个部分。

师：Read the passage quickly and then match the main idea with each paragraph.

Para. 1: The happening of the big earthquake.

Para. 2: The immediate effects of the earthquake.

Para. 3: The rescue work.

Para. 4: The revival of the city.

Para. 5: Warning signs before the earthquake.

【设计意图】

学生能概括段落中心意思、厘清写作顺序、文章结构，初步感知整篇文章的内容，为学生后续获得地震前、地震中和地震后的细节信息做好准备。

师：If you are to write an earthquake in the past, what would you write? In what order was this article written? Can you divide the passage into 3 parts? You can finish the task by filling in the blanks.

预：The passage was written in the order of time—from what happened before the earthquake to what happened after the earthquake.

Part 1 (Para. 1)

Signs before the earthquake.

Part 2 (Para. 2-3)

Damage during the earthquake.

Part 3 (Para. 4-5)

Revival after the earthquake.

活动四：(Before the Earthquake) 学生细读文章第一部分即第一段，通过填空来了解地震前的征兆，并解释为什么人们没有注意到这些现象。

师：Everyone knows that earthquake is terrible. Are there any signs before the earthquake? Are there any ways for us to predict the earthquake? Please read the first paragraph and tell me what you could see, hear and smell before the earthquake by filling in the blanks.

【设计意图】

学生能够梳理地震前的事实信息，通过寻读找到文中地震前人们看到、听到、嗅到的征兆，了解人们忽视地震的原因，为后文地震的严重后果埋下伏笔。同时，在阅读中体会文章描写征兆时所使用的重复的写作手法，体会报告文学的文学性。

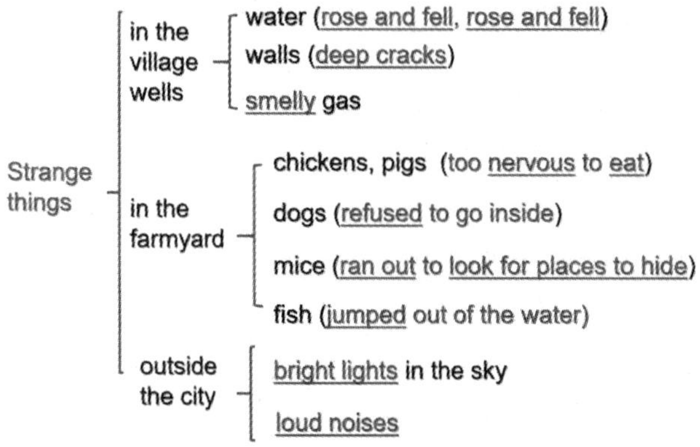

(**Para. 1**)

师：“In the village well, the water rose and fell, rose and fell.” Why the words “rose and fell” are repeated? What figure of speech is used here? Discuss it with your group members.

预：The words are repeated to show something that happened continually and unusually. So maybe that is what we call repetition.

师：So you could notice all these unusual things by watching, smelling and hearing. Did people in Tangshan notice all these unusual things? Why?

预：No. It was 3：42 a.m.，They were unaware or ignorant of them because they slept as usual and knew little about the earthquake.

活动五：(During the Earthquake) 学生细读文章第二部分即第二、三段找到一些数字背后的含义，并讨论使用数据的原因；通过完成思维导图详细描述地震带来的严重后果，并思考描述灾

【设计意图】

学生能够通过寻读找到关于地震所带来的危害的详细信息，了解

害时所使用的明喻的修辞手法。

师：So can you imagine what would happen? At 3：42 a.m., everything began to shake. It seemed as if the world was at an end. How terrible was the earthquake? Can you find out some evidence by telling me what these numbers mean?

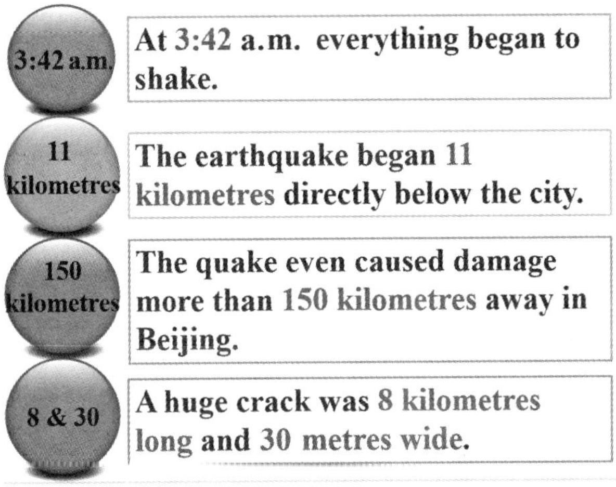

(Para. 2)

师：Why did the writer use so many numbers in the text?

预：To show the earthquake was very serious and it caused a lot of damage to people and the city.

预：To show the authenticity of the news.

师：The numbers are cold while reality is cruel. The data is used to show the severe earthquake. Everywhere they looked nearly everything was destroyed. Can you tell me what was destroyed by completing the mind map?

人们绝望的心情。同时，学生能在阅读中，通过数据的使用体会报告文学的纪实性，通过明喻的修辞手法体会报告文学的文学性。

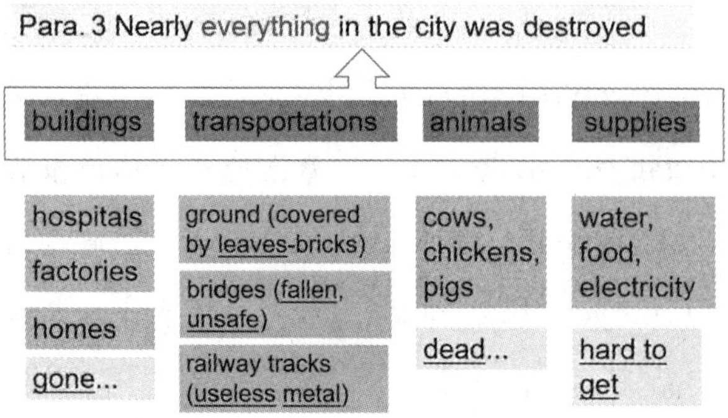

(Para. 3)

师：Most of the animals including men were killed or injured. It seems that all the facilities were destroyed. And bricks covered the ground like red autumn leaves. Why were the bricks compared to leaves? What figure of speech is used here? Discuss with your group members.

预：Bricks were everywhere like leaves. Here the bricks were compared to leaves. That is what we call simile.

预：The leaves remind me of the autumn, and the fallen leaves symbolize the death.

师：How did people in the earthquake feel?

预：They felt shocked and hopeless. All the descriptions here show us a destructive earthquake.

活动六：(After the Earthquake) 学生细读文章第三部分即第四、五段，回答地震后是谁并怎样帮助重建家园，进而深度思考唐山这个城市恢复生机的真正原因。

【设计意图】

学生通过细读了解灾后重建的成果、城市恢复的原因，体会到人师：Though the earthquake was severe and destructive, all hope was not lost. We still had some people who came to help. Who were they? What did they do?

预：They were soldiers, doctors and rescue workers. 150,000 soldiers dug out the trapped and buried the dead. More than 10,000 doctors and nurses provided medical care. Workers built shelters. Water and food were brought into the city.

师：So what was the result of their hard work?

预：The city began to breathe again.

师：Why did the city breathe again? What figure of speech is used here? Please discuss with your group members.

预：Personification. The city was compared to a man who could even breathe a sigh after he was helped out and got out of trouble.

师：Who on earth do you think helped in the reviving of the city? Read the last paragraph and answer my question.

预：I think Tangshan was helped by the people who came from all walks of life and worked in unity and the city revived because of the strong

的善良友好、人民团结一心、国家的坚强后盾让灾难不再可怕，最终从文章开头的敬畏自然到文章结尾的战胜自然。同时，在阅读中继续体会拟人的修辞手法，体会报告文学的生动性。

support of the government. They even rebuilt the city even better than before.

活动七：学生根据事情发展的经过绘制地震前后人们情绪变化的思维导图，并让学生展示、解释、互评思维导图。

【设计意图】

学生通过绘制思维导图，找到人们情绪变化的暗线，深刻理解文字背后的含义，深度加工文章的内容；在描述阐释的过程中，实现语言知识的内化和运用。

师：The city has changed a lot. And people's feelings have also changed accordingly. Can you draw a mind map to show people's feelings before, during and after the earthquake? (after students show and explain their own mind maps) What do you think of his or her mind map?

Post Reading

活动八：学生以文本为依托，模拟记者采访唐山大地震亲历者的对话。

【设计意图】

通过两人采访活动，在新的情景中开展想象与创造，实现迁移创新。

师：People's feelings have changed with the development of the earthquake. Suppose one of you is a witness to the earthquake, and the other is a reporter. Please role-play the dialogue between the reporter and the witness and talk something about the earthquake.

活动九：学生从字词、文章内容、结构、写作手法、经验教训这几个方面总结这堂课所学。

【设计意图】

学生通过总结这堂课所学，复习、巩固这堂课的学习内容。

师：From this lesson, we can see that we sometimes look so small like ants in face of nature. We should respect nature, but we should also believe that man by his efforts can conquer nature. After reading the passage, can you tell me what did you learn in this class? You can summarize from the following aspects.

What words and expressions about earthquake did you learn?

What did you learn about Tangshan earthquake?

What did you learn about the genre and the structure of the passage?

What writing methods did you learn about the passage?

What lessons can we learn from Tangshan earthquake?

七、板书

The Night The Earth Didn’t Sleep

(personification)

Before the earthquake →	During the earthquake →	After the earthquake
listen, watch and smell	3:42/11/150/8/30(figures)	soldiers, doctors and rescue workers
(repetition)	buildings/transportation(simile)	government
	animals/supplies	work in unity

time order

respect the nature → conquer the nature

八、课后作业

Home work 1

You must retell the passage according to the mind maps you draw in class.

Home work 2

You can search the Internet for information and write a report about earthquakes in other places and how we can protect ourselves in case of earthquakes.

九、教学反思

在新课程标准的基础上，此教学设计落实了英语学习的活动观。在深入分析教材之后，围绕“唐山大地震”这个主题，设计了以下活动：首先，学生在观看视频和图片后置身“唐山大地震”这一主题语境中，设身处地地思考地震带来的危害，并学习一些单词；其次，学生概括出结构化知识，在此基础上梳理整合地震前的征兆、地震造成的悲惨后果以及地震后紧张的救援工作等事实性信息，在此过程中，在文本语境中学生通过独立思考、相互讨论、分析文中数据和赏析修辞手法的使用，体会此篇报告文学的文体特征和语言特点；再次，学生通过分析城市重建的真正原因，加深对文章主题意义的理解，并通过思维导图的绘制，深度加工文章的内容，在描述阐释的过程中，进行应用实践类活动，实现语言知识的内化和运用；最后，是迁移创新类活动，学生模仿记者采访唐山大地震亲历者，可以以文本为依托，也可以跳出文本，在新的语境中，运用语言技能展示所学，创造性地表达情感态度，实现深度学习，促进学科核心素养的达成。

本案例充分体现教、学、评一体化。在分析教材后，让学生在主题语境下学习有关地震的语言知识、让学生通过讨论学习文体特征和语言特点、让学生懂得人类敬畏自然、战胜自然的勇气和决心是本节课的重难点，教师以这些目标为导向，发挥教师的主导作用；学生在教师的引导下，通过自主、合作、探究主动地参与活动，达成这些目标，发挥学生的主体作用；在教学过程中，学生互评各自绘制的思维导图，实现以评促学。

就像叶圣陶先生曾经说过，凡是人生的一切，从“外铄”得来的，虽言表名理，行合正谊，也不过是被动的；若是从“自觉”得来的，便灵心澈悟，即知即行。践行英语学习活动观，实现教、学、评一体化，对于激发学生的主体意识、调动学生学习的主观能动性起着积极的作用，最终促进核心素养的达成。

聂巧云，中国地质大学（武汉）硕士研究生毕业，现就职于武汉市光谷汤逊湖学校。

她立志扎根于教育事业，她不断提高教研水平。在期刊杂志上发表了多篇文章，并于2009年7月参与编写了重庆大学出版社出版的《英语专业四级考试阅读精练200篇》；在2016年和2017年参与了省级精品课题“十二五规划课题中学高效课堂研究与评价”“以学生发展为本建设健康课堂的研究与实验”“新高考背景下高中教学与管理改革实践研究”。

在教学和教育工作上，因工作成绩突出，她连续几年获得校教坛新秀的称号和校教学优胜奖。她凭借优异的成绩在2013年12月获得随州市优质课比赛一等奖；2015年12月获得全国中学生英语语言能力竞赛优秀辅导教师；2017年10月获湖北省中小学教师信息技术应用能力提升工程应用成果评比省级三等奖；2019年5月获湖北省中小学青年教师教学竞赛一等奖；2019年9月获全国中小学青年教师教学竞赛三等奖；2020年4月获“湖北五一劳动奖章”。在光谷汤逊湖学校工作期间，

2022 年 6 月她获得了汤逊湖学校五星级党员的荣誉，作为班主任，她所带的班级获得东湖高新区“先进班集体”，同时在 2023 年 9 月她也获得东湖高新区优秀班主任称号。

在培养年轻老师工作上，她在随州市高中英语名师讲堂活动中主讲《分词做状语》的示范课；她指导随州市青年教师参加 2021 年湖北省中小学青年教师教学竞赛获得二等奖；在下半年光谷好课堂赛课期间，她指导光谷汤逊湖学校初中英语组老师参加比赛，获得区一等奖的好成绩；在 2023 年年底，她参加了荆楚教师科学文化素养星火行动项目，与恩施的老师们结对帮扶。

“路漫漫其修远兮，吾将上下而求索”，教育之路任重而道远。她时刻铭记唯有不忘初心、砥砺前行，才能不负韶华。

The Problem of the Snakes

—Reading and Thinking

江汉油田广华中学 毕 璐

Ⅰ Text analysis

This learning period is from Book 8 Unit 3 published by People's Education Press.

What	A girl solved the problem of snakes by inventing.
How	Text type: a first-person recount
Why	Author's purpose: To show about the process of inventing and the criteria of getting a patent; to encourage students to solve problems in daily life. Students' enlightenment: To be aware of the importance of getting a patent; to motivate students to solve problems in their daily life.

Ⅱ Students analysis

1. Students learning characteristics

1) Cognition: The students are second Graders who have the ability and strategy in acquiring main information and structure of a text, but they desire to know about the language features of the text.

2) Emotion: They have keen eyes to discover problems in daily life; They are willing to find the solution to solve the problem.

3) Assessment: Their summarizing and critical thinking abilities need to be improved.

2. What the students have already known

1) Words and expressions: invention, patent, inventor, abruptly, convenient, caution, set about, powder, etc.

2) The knowledge of great inventions.

3. What the students want to know

In this lesson, the students will not only learn to analyze the structure of the text, but also learn the approaches of inventing.

Ⅲ Teaching objectives

Students will be able to:

1. Solve minor problems during the process of inventing;

2. Summarize the qualities of the inventor;

3. Evaluate inventions;

4. Reflect on the relationship between humans and nature and disadvantages of inventions.

Ⅳ Key points

1. Master the six stages of inventing;

2. Summarize the qualities of the inventor;

3. Experience the efforts and improvements made during the process of

inventing.

Ⅴ Difficult points

1. Comment on the invention and the inventing story;
2. Reflect on the relationship between humanity and the Earth.

Ⅵ Aids & materials

Video clips, PPT, textbook, blackboard.

Ⅶ Teaching Procedures

1. Teaching process

Objectives	Activities and Interaction	Intention	Assessment
Introduce the theme	1. Lead-in 1) Teacher shows students some pictures of inventions: Stephenson's "Rocket", Bi Sheng's Movable-type printing, an apple peeler and a masher. 2) Teacher plays a short video and students express their opinions on the girl's invention.	Stimulate students' interest in this topic and encourage them to solve problems in their daily lives.	To see if students can discuss this invention in the video and show willingness to make some small inventions.

续表

Objectives	Activities and Interaction	Intention	Assessment
Outline the structure of the text	2. Brainstorming and discussing 1) Students brainstorm the process of inventing based on the given video. 2) Teacher invites some students to share their opinions with others, and then teacher gives them some tips on PPT. Teacher guides them to arrange these 6 stages in the correct order. 3) Teacher guides students to pay attention to "patent".	Prepare students for the the 6 stages of inventing.	To see if students can brainstorm the process of inventing and put them in the right order based on their experience and knowledge.
Skim and confirm for the structure	3. Reading for the story structure 1) Students predict what the girl's problem in the picture is. 2) Students read the entire text quickly and discuss how many stages the girl used in her invention process. 3) Students conclude each stage.	Summarize the main ideas of each section and check the correct sequence of the 6 stages of inventing.	To see if students can work out the main structure of the article and match each section with the 6 stages.

续表

Objectives	Activities and Interaction	Intention	Assessment
Scan the details	4. Reading the details 1) Students scan the text again and find the answers to the following questions: a. How many approaches did the author think of? Why did she choose the last one? b. How many attempts did she make to test her solution? c. Do you think the author can get a patent? 2) Teacher gives students a mind map to help them conclude those questions.	Read the more detailed information in preparation for the later assignments.	To see if students can find answers directly from the text or infer it from the context.
Discuss and think critically	5. Discussing the qualities and thinking critically of the invention 1) Students discuss the question in groups: what qualities should an inventor possess? Students answer the question using a fixed sentence pattern.	Reflect on the disadvantages of some inventions and the relationship between human and nature.	To see if students can clearly state their views with examples and evidence.

续表

Objectives	Activities and Interaction	Intention	Assessment
	2) Teacher guides students to think critically: Do some inventions have disadvantages? If that's the case, how can we improve it? Give some examples.		

2. Blackboard design

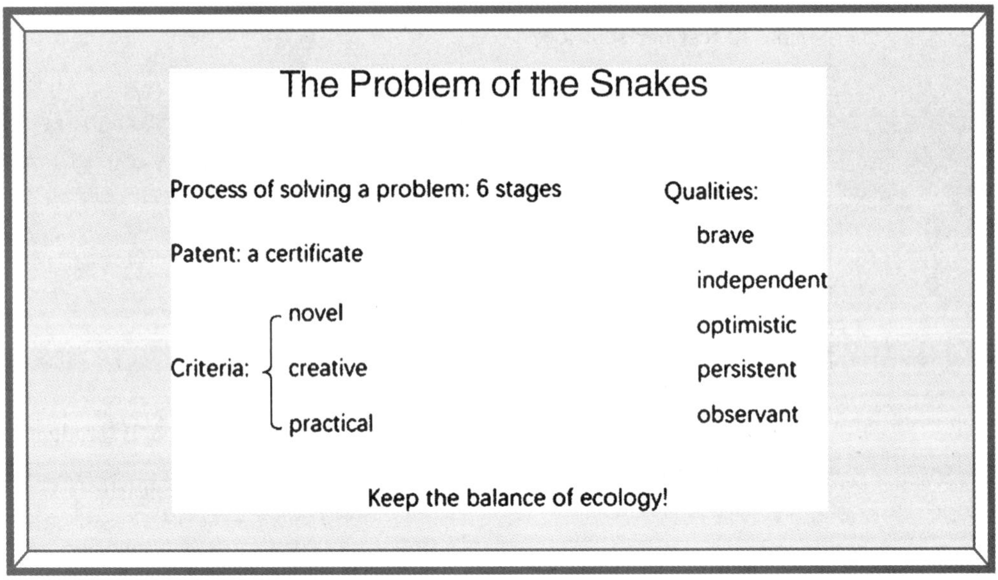

3. Teaching reflection

Strengths:

1) Learning procedures are logically arranged.

2) Learning objectives can be effectively achieved.

3) Learning activities are carefully designed for students at all levels.

Weaknesses：

More values still need to be dug out from the story.

To be improved：

Search for relevant resources to explore more aspects of inventors and inventions.

4．Homework

1) Discuss with your partner what the advantages might be of getting a patent.

2) Finish exercises on page 22.

Ⅷ Concept & methods

Concept：The relationship between human and nature.

Methods：Communicative language teaching；Whole language teaching；Out-put driven teaching.

毕璐，中共党员，中学一级教师。2013年毕业于武汉理工大学，全日制研究生。获得法语文学学位、英语文学学士双学位、英语口译专业硕士学位、“武汉理工大学优秀毕业生”称号。现任湖北省江汉油田广华中学英语教师，潜江英语骨干教师，英语年级组备课组长、湖北省英语学会会员。荣获“湖北青年五四奖章”、“湖北五一劳动奖章”、“湖北青年教学能手”以及江汉油田教育集团“模范教师”、“优秀共产党员”等。曾参加“湖北省第七届中小学青年教师教学竞赛”，获中学英语组第一名；“第三届全国中小学青年教师教学竞赛”，获全国三等奖；参加“湖北好课堂”，获省二等奖。所带学生每一届高考成绩名列前茅，如在2020年高考中，所带两名学生被北京大学录取，并连续三年在年终考评中获得优秀。多次辅导学生参加全国中学生英语能力竞赛且获得“全国优秀指导教师”的称号。积极参与教研教改，发表多篇省级优秀论文，主持参与学生德育和英语课题研究。

始终走在时代前列

宜昌市夷陵中学　谭立婷

一、教材分析

（一）地位分析

本框是普通高中统编教材思想政治必修3政治与法治第一单元第二课第二框的内容，上承第一课“始终坚持以人民为中心”，下启“坚持党的领导”，起着承上启下的作用。本框的学习是学生认同和理解坚持中国共产党领导的必然要求。

（二）内容分析

本框内容共包括三目。

第一目是“党的指导思想与时俱进”。结构方面，本目包括1个探究与分享、8段正文、1句名人名言等。主要内容方面，本目讲述了中国共产党能始终走在时代前列是因为党的指导思想与时俱进等知识。

第二目是“坚持解放思想、实事求是、与时俱进、求真务实”。结构方面，本目包括1个探究与分享、1段正文、4个名词解释等。主要内容方面，本目讲述了中国共产党能始终走在时代前列是因为坚持解放思想、实事求是、与时俱进、求真务实。

第三目是“发挥共产党员先锋模范作用”。结构方面，本目包括1个探究与分享、4段正文、3个相关链接。主要内容方面，本目讲述了中国共产党能始终走在时代前列是因为中国共产党员发挥先锋模范作用。

本框的核心知识点：根据课程标准和学科逻辑，本框需要从理论到实践理解中国共产党能始终走在时代前列的原因，因此本框的核心概念为：党的指导思想与时俱进，坚持解放思想、实事求是、与时俱进、求真务实，发挥共产党员先锋模范作用。通过对核心概念的梳理进一步从学理上增强对中国共产党的认同感。

二、学情分析

（一）学生认知特征分析

高中生的感觉、知觉水平不断提高，对事物的认识更富有目的性和系统性，但有时因为观察程序不恰当，观察结果不够精确，容易草率下结论；思维品质提升，具有更高的抽象概括性、反省性和监控性特征，但也只是趋向优化，并没达到完美程度，有时好走极端；想象力发展，创造性成分增加，但有时候不能很好兼顾现实条件；自我意识高度发展，形成较为稳定的个性和价值观，但需要更加注重个人和社会的统一。

（二）学生知识经验分析

1. 理论基础。学生在小学和初中的道德与法治课上就已经学习了中国共产党的相关知识，从小学、初中到高中，其认知是一个螺旋上升的过程。同时，上一课学习了中国共产党始终坚持以人民为中心，具备一定的知识基础，但是学生对于中国共产党的深层次的价值逻辑和实践逻辑理解不深。

2. 生活经验。学生所处的时代正是中国共产党焕发生机和活力的时代，目睹了中国共产党创造的伟大事业，有一定的生活积累，但是缺乏对生活现象的概括总结和理论升华。

三、教学目标

根据课程标准的要求，本框的教学目标可以概括如下。

必备知识：掌握党的指导思想与时俱进、解放思想实事求是、共产党员先锋模范作用等必备知识。

关键能力：在小组商议和展示中培养交流合作、获取和解读信息、辨析和推理等能力。

学科素养：通过讲述党的故事，应用和迁移相关知识，增强政治认同、科学精神、公共参与的学科素养。

核心价值：通过活动型学科课程让学生坚定听党话跟党走的意志。

四、教学重点

通过对本框核心概念的梳理（见前述教材分析），确定本框的教学重点为“党的指导思想，坚持与时俱进、坚持解放思想、实事求是、与时俱进、求真务实，发挥共产党员先锋模范作用”。

五、教学重点

学生在生活和学习中了解过共产党员的先锋模范作用，但往往知其然而不知其所以然，对共产党员先锋模范作用的底色不变的原因以及如何保持先锋模范作用存在理解上的难点和堵点，因此本框的教学难点确定为“发挥共产党员你的先锋模范作用”。

六、教学方法策略及工具

（一）教学方法

议题式教学。

（二）教学策略

拟定议题—设计情境—问题驱动—互动交流—知识生成—评价反思。

（三）教学工具

一体机等现代教学技术工具。

七、教学过程

（一）教学思路

本框以议题式教学为主要方式，包括议题、情境、活动和任务四个元素。

1. 议题

议题引领教学的方向，本框在总议题“中国共产党为什么能始终走在时代前列”的引领下，设置三个分议题“如何理解党的指导思想与时俱进”“如何理解坚持解放思想、实事求是、与时俱进、求真务实”“如何理解发挥共产党员的模范作用”，从而为“议中学”确定方向。

2. 情境

情境是课堂的风景线，本框以“雕塑里的中国共产党”为线索，构建真实的、丰富的、结构化的主题情境。雕塑是为了纪念典型人物和伟大事件而产生的一种造型艺术，通过雕塑展示中国共产党始终走在时代前列的人和事，为“议中学”提供载体。

3. 活动

活动为课堂教学提供动力，本框的活动设计具有多样化的特点，包括商议和展示、讨论和分享、商议和建议等，为“议中学”开辟路径。

4. 任务

任务驱动课堂的推进，本框的任务具有多样性、进阶性的特点，包括描述与分类、解释和论证、决策等，从而明晰“议中学”过程。

（二）教学结构

本框结构模型如下图所示。

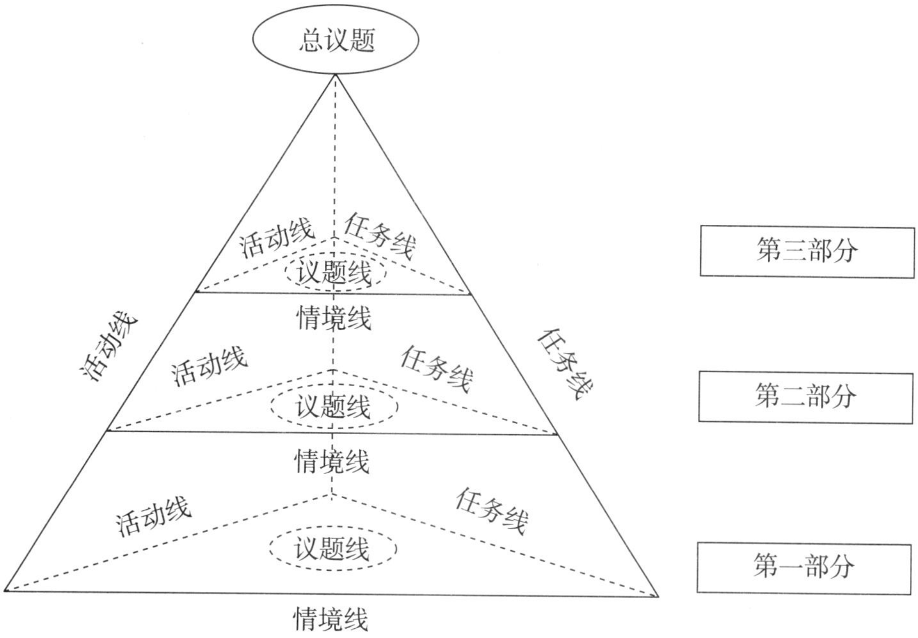

（三）过程意图

导入

2018年，在马克思诞辰200周年之际，中国向德国赠送了一座马克思雕像，雕像位于马克思的故乡、德国西南部城市特里尔。

【设计意图】

和学生一起解读马克思雕像，比如手里的那本书、人物的姿势等，以此来阐明马克思主义的博大精深和不断发展的品质。同时，将美育熏陶和思政课有机结合起来，吸引学生兴趣。

第一部分：对马克思的最好纪念

【分议题 1】如何理解党的指导思想与时俱进?

【情境 1】2018 年，习近平总书记在纪念马克思诞辰 200 周年大会上发表重要讲话。习近平总书记指出，马克思主义为中国革命、建设、改革提供了强大思想武器，使中国这个古老的东方大国创造了人类历史上前所未有的发展奇迹。不断推进马克思主义中国化时代化是中国共产党人对马克思的最好纪念。

【学科概念】党的指导思想与时俱进

【任务 1】(1) 展示分享：请你描述马克思主义中国化的进程。

(2) 合作探究：我们为什么要不断推进马克思主义中国化理论创新?

【生成提示】(1) 马克思主义中国化的进程：党的七大确定毛泽东思想为指导思想、党的十五大确定邓小平理论为指导思想、党的十六大确定“三个代表”重要思想为指导思想、党的十七大确定科学发展观为指导思想、党的十九大确定习近平新时代中国特色社会主义思想为指导思想。

(2) 马克思列宁主义、毛泽东思想、邓小平理论、“三个代表”重要思想、科学发展观、习近平新时代中国特色社会主义思想既一脉相承又与时俱进。毛泽东思想是关于中国革命和建设的

【设计意图】

通过国家领导人的论述引出马克思主义中国化创新理论，顺理成章设置一个描述性任务，让学生先从整体概括马克思主义中国化的进程。再以此为基础，设置一个辨析与论证的任务，让学生理解马克思主义中国化理论不断创新的原因，以此增强对中国共产党始终走在时代前列的认识，从学理上增强对中国共产党的认同感。

正确的理论原则和经验总结。邓小平理论阐明了中国建设社会主义、巩固和发展社会主义的基本问题。“三个代表”重要思想加深了什么是社会主义、怎样建设社会主义和建设什么样的党、怎样建设党的认识。科学发展观阐明了新形势下实现什么样的发展、怎样发展等重大问题。习近平新时代中国特色社会主义从理论和实践结合上系统回答了新时代坚持和发展什么样的中国特色社会主义、怎样坚持和发展中国特色社会主义。

【教师小结】中国共产党之所以能够走在时代前列，保持党的先进性和纯洁性，就在于它以接续推进的马克思主义中国化创新理论作为行动指南。

第二部分：对时代挑战的最好回应

【分议题 2】如何理解坚持解放思想、实事求是、与时俱进、求真务实？

【情境 2】讲述雕塑故事。

故事一：40 多年前的小岗村是一个吃粮靠返销、用钱靠救济、生产靠贷款的“三靠村”，在那个“不许包产到户、不许分田单干”的年代，严重挫伤了农民的生产积极性。1978 年，安徽遭遇一场百年不遇的大旱。1978 年冬夜，小岗村一间破旧茅草屋内，18 位庄稼汉托孤求生、立誓为盟，签订“秘密协议”，摁下鲜红手印。

【设计意图】

安徽小岗村包产到户的实践和恢复高考是党和国家历史上具有典型意义的两大事件，通过讲述这两大事件背后的动人故事让学生自然而然概括出中国共产党坚持解放思想、实事求是、与时俱进、求真务实的思想品质。为加深

故事二：1977 年 8 月，邓小平组织召开全国科学和教育工作座谈会，查全性受邀参加。在谈到招生一事时，他勇敢地站起来，当着邓小平的面，大胆建言高等教育招生必须通过考试，并建言当年恢复高考。停止了 11 年之久的高考终于在当年冬季得以恢复。一个可以通过公平竞争改变自己命运的时代回来了。

【学科概念】坚持解放思想、实事求是、与时俱进、求真务实

【任务 2】(1) 独立思考：结合雕塑故事，请

理解，让学生运用历史思维列举体现这一思想方法的事件，比如井冈山革命根据地的创建、遵义会议的召开、抗日统一战线的达成等，在举例论证中让学生达到深度学习的目的。

你用一个词概括中国共产党的思想品质。

(2) 举例论证：列举中国共产党面对时代挑战，坚持解放思想、实事求是、与时俱进、求真务实的事件。

【生成提示】(1) 解放思想、实事求是、与时俱进、求真务实。

(2) 例子 (略)。解放思想，即要打破习惯势力和主观偏见，研究新情况，解决新问题，反对经验主义。实事求是，即从实际出发探求事物的客观规律，反对主观主义。与时俱进，即体现时代性、把握规律性、富于创造性，反对守旧主义。求真务实，即既正确认识事物的本来面目，又脚踏实地实事求是行事，反对形式主义。

【教师小结】中国共产党之所以能够走在时代前列，就在于坚持解放思想、实事求是、与时俱进、求真务实。

第三部分：对优秀共产党员的最高敬意

【分议题 3】如何理解发挥共产党员的先锋模范作用？

【情境 3】优秀共产党员的雕像。

新民主主义革命时期的共产党员雕像

【设计意图】

讲述不同时期优秀共产党员的动人故事，让学生在情感熏陶中增强对优秀共产党员的敬意，感悟共产党员先锋模范的精神品质。在此基础上，让学生进一步思考共产党员发挥先锋

社会主义革命和建设时期的共产党员雕像

改革开放时期的共产党员雕像

【学科概念】共产党员先锋模范作用

【任务3】(1) 独立思考：请你用一个词语概括共产党员的精神品质。

(2) 讨论分享：为什么时代在变，但共产党员先锋模范的底色没变？举例说明。

【生成提示】(1) 先锋模范。

(2) 共产党员先锋模范作用的内涵，是指共产党员坚定马克思主义信仰，践行全心全意为人民服务的根本宗旨，通过自己的骨干、带头和桥梁作用，影响和带动身边群众共同贯彻党的基本理论、基本路线和基本方略。共产党员的先锋模范作用，是由中国共产党的先锋队性质所决定的，

模范作用的根本原因，只有党组织这个肌体健康，共产党员这些细胞才能健康，在深度思考中增强对中国共产党的认同感。

也是中国共产党的先进性的直接而具体的体现。

【情境 4】集体诵读入党誓词。

入党誓词雕塑

【设计意图】

设置这一任务，让学生将入党誓词和生活中鲜活的共产党员实例结合起来，坚持理论性和实践性的统一，感悟共产党员的责任和使命。

【学科概念】继续发扬共产党员先锋模范作用

【任务 4】讨论建议：新时代的共产党员应怎样发挥先锋模范作用？举例说明。

【生成提示】略。

【教师小结】中国特色社会主义进入新时代，要求共产党员在新征程上更加珍惜工人阶级先锋队战士的光荣称号，承担起自己的责任和使命，做学习的模范，做贯彻执行党的路线、方针、政策的模范，做克己奉公、无私奉献的模范，做服从组织、严守纪律的模范，做维护党的团结和统一的模范，做坚持真理、修正错误的模范，做密切联系群众的模范，做培育和践行社会主义核心价值观的模范。

课堂总结

教师运用习近平总书记在庆祝中国共产党成立一百周年大会上的讲话金句升华课堂。

(四)板书设计

始终走在时代前列

始终走在时代前列——{党的指导思想与时俱进；解放思想实事求是与时俱进求真务实；共产党员先锋规范}——中国共产党是一个先进的政党

八、学习评价与作业设计

(一)学习评价

评价理念：教学评一体化实施。

评价方式：过程性评价、表现性评价。

评价维度：学生学习过程中的关键行为表现。依据《普通高中思想政治课程标准（2017 年版 2020 年修订）》制定评价量表（见表 1），评价学生学习。

表 1

	纬度	等级			
		优秀	良好	有待改进	备注
学生学习	积极参与资料的收集、整理和分类				
	积极参与小组活动				
	勇于代表小组表达观点				
	善于倾听、尊重其他群体的观点				
	在活动中形成独到的、深刻的观点				
	做出正确的判断和行为选择				

（二）课后作业

主题为“讲好中国共产党故事　与新时代同频共振”。请关注本市党史馆微信公众号，在公众号中申请成为党史馆志愿讲解员，并利用周末或者假期时间完成这一社会实践活动。

【设计意图】

通过担任党史馆志愿讲解员，坚持思政小课堂和社会大课堂的有机结合，坚定听党话跟党走的意志。

九、设计思想

本框设计坚持深度学习、议题式教学和核心素养的统一。

首先，深度学习引领议题式教学。深度学习要求议题式教学设置适切的议题、构建真实丰富的情境、提出进阶性的设问，避免浅表化学习，实现深度学习。

其次，议题式教学促进深度学习。议题式教学使学生在活动型学科课程中，而非教师的被动讲授中走向深处。

最后，议题式教学和深度学习的融合助力核心素养的培育，达到思政课知信行的统一，从学科教学转向学科育人，有利于实现立德树人的根本任务。

谭立婷，北京师范大学本科、硕士毕业，清华大学教育博士在读，现任宜昌市夷陵中学政治教师，曾获夷陵名师、宜昌市“1＋1＋N”骨干教师、宜昌市百千人才、宜昌市青年教学能手、湖北省青年教学能手等荣誉称号。2021 年被共青团中央授予最佳模拟政协提案“优秀指导教师”，2022 年被湖北省总工会授予“湖北五一劳动奖章”，2023 年荣获“全国五一劳动奖章”殊荣。

后　　记

组织职工开展劳动和技能竞赛活动是《中华人民共和国工会法》赋予各级工会组织的权利和义务，开展形式多样的劳动技能竞赛活动也是各级工会重要工作之一。湖北省教育工会（现湖北省教科文卫体工会）于 2008 年组织开展了首届“湖北省中小学青年教师教学竞赛”（以下简称“青教赛”）活动，并提出了“上好一门课”的办赛理念。经过 14 年共 8 届的教学竞赛，该项竞赛以其先进的办赛理念、严密的组织程序、严谨的工作作风、公平的竞赛结果，受到广大中小学青年教师的热烈欢迎和社会的广泛认同。在中小学教师诸多教学竞赛活动中，“中小学青年教师教学竞赛”以其权威性奠定了它在广大中小学教师心目中的独特地位。

在与一线教师的接触中，教师们都希望学习借鉴“青教赛”获奖者的教学经验，包括课堂展示和教学设计。教学展示的视频，在网络上可以找到，而教学设计的文稿却难以找到，这成了很多教师的遗憾之处。为了弥补广大一线教师的缺憾，我们组织编写了这本《湖北省青年教师教学竞赛优秀案例集（基教版）》。本书收录了 16 位获奖教师的优秀案例，他们中既有获得湖北省首届“青教赛”第一名的选手，也有获得国赛一等奖、国赛一等奖第一名的选手。当然，在呈现给读者的案例中，全都按 2022 年版的课程标准要求进行了重新设计或修改，既体现最新课程标准的教学指导思想（教学理念），又充分体现“青教赛”“上好一门课”的办赛理念。本书中的案例，不仅对准备参赛的教师有借鉴作用，而且对广大一线教师日常教学设计也有很大的指导和借鉴价值。提高中小学一线教师的教学设计水平和设计质量，是本书出版的初衷和归宿，后续我们还将继续组织出版中小学和高等学校获奖教师的优秀案例，以飨读者。

本书的出版，得到了湖北省总工会和湖北省教科文卫体工会的鼓励与肯定，也得到了提供案例的 16 位获奖教师的大力支持，在此表示衷心的感谢。同时，也特别感谢华中师范大学出版社社长、总编付义朝和分社社长胡小忠及责任编辑巴铭、罗艺的辛勤付出！

周东明　2024 年盛夏于桂子山

2024.8.8